积极心理学视域下大学生心理健康教育

宋 辉 著

北京工业大学出版社

图书在版编目（CIP）数据

积极心理学视域下大学生心理健康教育 / 宋辉著
. — 北京：北京工业大学出版社，2021.9
ISBN 978-7-5639-8146-5

Ⅰ．①积… Ⅱ．①宋… Ⅲ．①大学生－心理健康－健康教育－研究 Ⅳ．① G444

中国版本图书馆 CIP 数据核字（2021）第 201428 号

积极心理学视域下大学生心理健康教育
JIJI XINLIXUE SHIYU XIA DAXUESHENG XINLI JIANKANG JIAOYU

著　　者：	宋　辉
责任编辑：	吴秋明
封面设计：	知更壹点
出版发行：	北京工业大学出版社
	（北京市朝阳区平乐园 100 号　邮编：100124）
	010-67391722（传真）　　bgdcbs@sina.com
经销单位：	全国各地新华书店
承印单位：	唐山市铭诚印刷有限公司
开　　本：	710 毫米 ×1000 毫米　1/16
印　　张：	12.25
字　　数：	245 千字
版　　次：	2023 年 4 月第 1 版
印　　次：	2023 年 4 月第 1 次印刷
标准书号：	ISBN 978-7-5639-8146-5
定　　价：	60.00 元

版权所有　翻印必究

（如发现印装质量问题，请寄本社发行部调换 010-67391106）

作者简介

宋辉，男，1975年生，副研究员，发展心理学硕士研究生，主要研究方向：大学生心理健康教育、发展心理学与高教管理研究。长期从事高校管理工作，积极投身于大学生心理健康教育和积极心理学相关研究。在《心理与行为研究》等国家级、省级刊物上发表论文10余篇，参与完成国家级及省级课题3项。

前　言

21世纪是尊重知识、注重人才素质全面提升的时期。高素质人才既要有良好的思想道德素质、科学文化素质和身体素质，也要有良好的心理素质。然而，生活节奏加快、就业压力增大、社会竞争激烈都给当代大学生的心理健康带来很大的冲击和挑战，深刻影响着大学生的身心发展。基于此，大学生心理健康教育旨在使学生明确心理健康的标准及意义，增强自我心理保健意识和心理危机预防意识，掌握并应用心理健康知识，培养自我认知能力、人际沟通能力、自我调节能力，切实提高心理素质，促进其全面发展。

积极心理学是新兴的心理学研究领域，将其应用于大学生心理健康教育具有较强的实效性。从积极心理学的新视角出发，充分关注我国大学生的心理状况，挖掘其心理潜能，帮助其形成积极、阳光、向上的良好心态，有助于促进大学生身心健康发展，有助于高校践行立德树人的使命。

本书共五章。第一章介绍了积极心理学相关概念及理论，主要内容包括积极心理与积极心理学、积极心理学的产生及发展、积极心理学的主要内容及特征，以及积极心理学的功能、目标及意义等内容；第二章介绍了大学生心理健康教育相关内容，主要包括心理健康概述、大学生心理健康教育的内容及形式、大学生心理健康教育的目标与意义，以及大学生心理健康教育存在的问题及对策等内容；第三章探究了大学生心理健康教学模式的创新发展，主要内容包括体验式大学生心理健康教学模式、大学生心理健康教育信息化教学模式、"互联网+"时代大学生心理健康教学模式探索，以及翻转课堂在大学生心理健康教育课程中的应用等内容；第四章探究了积极心理学与大学生心理健康教育的融合，主要内容包括积极心理学与大学生心理健康教育、积极心理学对大学生心理健康教育的影响及构建大学生积极心理健康教育模式等内容；第五章探究了积极心理学视角下大学生心理健康教育策略，主要内容包括挖掘积极心理学与大学生心理健康教育的结合点、努力增加大学生的积极情绪体验、完善与创新大学生心理健康教育的模式、加强大学生心理健康教育师资队伍建设，以及创建积极的大学校园环境等内容。

为了使本书内容更加丰富和完善，笔者在写作过程中参考并引用了大量的文献资料和研究成果，在此向有关学者、专家表示由衷的感谢。由于笔者水平有限，加之时间仓促，书中难免会有不足和疏漏之处，敬请各位专家和读者提出宝贵意见！

目 录

第一章 积极心理学概述 ··· 1
第一节 积极心理与积极心理学 ·· 1
第二节 积极心理学的产生及发展 ·· 17
第三节 积极心理学的主要内容及特征 ·· 25
第四节 积极心理学的功能、目标及意义 ·· 31

第二章 大学生心理健康教育 ·· 38
第一节 心理健康与心理健康教育 ·· 38
第二节 大学生心理健康教育的内容及形式 ·· 55
第三节 大学生心理健康教育的目标与意义 ·· 62
第四节 大学生心理健康教育存在的问题及对策 ································ 69

第三章 大学生心理健康教学模式的创新发展 ···································· 89
第一节 体验式大学生心理健康教学模式 ·· 89
第二节 大学生心理健康教育信息化教学模式 ···································· 98
第三节 "互联网＋"时代大学生心理健康教学模式探索 ················ 104
第四节 翻转课堂在大学生心理健康教育课程中的应用 ·················· 108

第四章 积极心理学与大学生心理健康教育的融合 ························ 116
第一节 积极心理学与大学生心理健康教育 ······································ 116
第二节 积极心理学对大学生心理健康教育的影响 ·························· 124
第三节 构建大学生积极心理健康教育模式 ······································ 136
第四节 积极心理学视域下的大学生幸福观培育 ······························ 147

第五章　积极心理学视角下大学生心理健康教育策略 ······ 158
第一节　挖掘积极心理学与大学生心理健康教育的结合点 ······ 158
第二节　努力增加大学生的积极情绪体验 ······ 163
第三节　完善与创新大学生心理健康教育的模式 ······ 170
第四节　加强大学生心理健康教育师资队伍建设 ······ 175
第五节　创建积极的大学校园环境 ······ 179

参考文献 ······ 184

第一章　积极心理学概述

积极心理学兴起于20世纪末，是由美国著名心理学家、习得性无助理论提出者塞利格曼教授首先倡导的，目前这一心理学运动已经遍到世界各地。积极心理学主张心理学不仅要研究人类的各种问题，同时更要研究人类的美德和各种积极力量。积极心理学的这一主张至少有两个方面的含义：第一，强调心理学不能只关注少部分的问题人，而要关注这个社会的所有人，心理学必须要为这个社会的一切人获得应有的幸福提供技术支持；第二，强调心理学要研究一切心理现象，既包括各种心理问题现象，同时也包括各种积极心理现象。从价值意义角度来看，积极心理学的兴起一方面是心理学学科的一种自我求全，实现了心理学的价值平衡；另一方面，它更体现了当今时代对人性的一种尊重和理智理解。

第一节　积极心理与积极心理学

一、积极心理概述

积极心理这一概念最早在心理学界被系统提出来是在1958年。在20世纪的五六十年代，美国心理健康运动出现了两个新理念：基本预防和增进幸福，即心理健康运动要从基本预防和增进幸福这两个方面一起抓。在这场"基本预防和增进幸福"的心理健康运动中，美国著名女心理学家贾霍达在当时美国心理健康联合委员会编订的一套心理健康系列丛书中提出了一个新概念——"积极心理健康"。从那时起，积极心理这一概念就逐渐在心理学的一些文章中开始被提及到。但在很长一段时间内，心理学界对这一概念的理解并不是很清楚，更没有体会到积极心理在心理健康领域或心理学研究中的重要性。直到1998年塞利格曼正式开始担任美国心理学会主席一职以后，由于他的大力倡导，西方心理学界掀起了一场声势浩大的积极心理学运动，积极心理这一概念便逐渐在心理学界得到了明确的界定。

（一）心理学对积极的理解

"积极"一词是对英文"positive"的翻译，"positive"在中国香港和中国台湾经常被翻译为"正向的"意思（港台的一些文章中经常把积极心理学称为正向心理学）"posi-tive"一词源自于拉丁文字"positon"，它的原意是指"实际而具有建设性的"或"潜在的"意思。因而现代意义上的积极既包括了人外显的积极，也包括了人潜在的积极。

也许让我们从生活的具体事件中来认识积极的含义会更深刻，我们先来看个真实的故事。著名的电子专家、美籍华人陈之藩教授有一套友人赠送的非常精美的茶具，当他举家搬迁到香港之前，在收拾整理行装时不幸把这套茶具的一只茶杯打破了。当时在场的许多人都为陈教授感到惋惜：如此精美而又心爱的一套茶具，现在破碎了一只杯子，又没有地方可以配到同样的型号，这是一件多么令人伤心的事。谁知陈教授却坦然笑道："真不错，我又多了一只碟子。"面对同样的事实——"破碎了一只杯子"，当你分别用"少了一只杯子"和"多了一只碟子"来进行描述时，你的心态就不同，前一种是消极的心态，而后一种则显然是积极的心态。生活中我们每个人都会有"少了一只杯子"的时候，但这并不可怕，可怕的是我们不能看到又"多了一只碟子"。"多了一只碟子"的心态显然要比"少了一只杯子"的心态轻松得多，尽管客观存在的事实可能是一样的。

当然，当代积极心理学所倡导的积极并不是传统意义上的一种整天拍手称好的喝彩，更不是一种充满希望的良好祝愿，甚或是一种光说好话的自我欺骗。它更主要的应是寻找并研究社会或社会成员中存在的各种积极力量（包括外显的和潜在的），并在社会实践中对这些积极力量进行扩大和培育。在这一过程中，人类要有意识地为全体社会成员寻找或创造一种良好的社会环境（积极的社会氛围），使每一个成员的积极力量能在这种环境中得到充分的表现和发挥，并进而培养全体社会成员个体层面和集体层面的积极品质。

长期以来，心理学领域对积极心理的机制的理解有着不同的看法，主要分歧在于把积极看作消除消极以后的附属结果，还是把积极和消极看作两个完全独立的定义性变量。假如说积极仅仅是消极解除的结果，那社会就不需要积极心理学了，而只是需要一门消解消极的心理学，因为消除消极后就能自然产生积极了。那么事实到底如何呢？要说清这个问题其实不难，我们可以用一个简单的图示来帮助分析，如图 1-1 所示：

图 1-1 积极与消极的关系

当我们把最积极和最消极作为两个极点而把它们联成一条直线的话，这两个极点之间的中点就可以被称为"0"状态。"0"状态是一个理论上的中间状态。在这个状态下，个体对任何外在的事件既不积极，也不消极。一旦"0"状态被确定以后，任何由特定条件（如情绪、外在情形、内部动机等）所引起的情形变化如果向着正向（图 1-1 中的右方）也即个体喜爱的方向进行变化，那就是积极；反之，所引起的情形的变化如果向着负向（图 1-1 中的左方）即个体不喜爱的方向变化，那么就是消极。这样我们从图中就可以清楚地看到，积极和消极是两个完全独立的、有各自定义的变量，积极并不是消极解除之后的一个附属结果，并不会伴随着消极紧张的消除而自然产生。

举例来说，当一个饥饿的动物面对食物时，食物对于饥饿的动物来说是真正的积极还是对消极状态的一种解除？我们说这不一定，当这个食物正是这个饥饿的动物所喜欢的，那食物就能产生一种积极的体验，但这绝不是饥饿紧张被消除后的必然结果；当这个食物不是这个动物所喜欢的，即使它同样能解除动物的饥饿，它也不具有积极的特性。一只再饥饿的老虎面对一盆土豆时，它也不会喜欢。同样，一个饥饿的人可以用树叶或树皮来解除自己的饥饿（这是人理性的结果），但当他用树叶或树皮解除饥饿之后，他决不会有积极的感受——感到心满意足。

（二）当代心理学研究积极的必要性

1. 从实践的角度来看

消极心理学在过去一段时间内确实为人类和人类社会的发展作出了很大的贡献，正如塞利格曼在美国心理协会 1998 的年度报告中提到的，现在心理学家们已经能对至少 14 种 50 年前我们还无能为力的心理疾病采取有效的治疗措施，同时对精神病患者的了解也大大增加了，这是一个实践性的伟大胜利。但就在我们为心理学的这一成就欢呼的时候，我们却也发现这个世界患心理疾病的人口数量也随着时间成倍地增长。据《参考消息》报道，一项由美国政府赞助也是迄今最全面的调查于 2005 年 6 月初公布，超过 50% 的美国人在一生中会出现精神方面的问题，而20世纪中叶精神疾病的患病比例只有20%—30%左右，很难想象一个社会有超过一半的人患有"精神病"。世界卫生组织2004年的调查发现，就是在中国、日本这样的东方国家，即使由于文化的影响[①]，其患抑郁症的比例也达到了3%左右，比上世纪中叶至少增加了一倍。这一现象似乎和消极心理学的实践初衷相违背，因为今天的人类比过去拥有更充分的自由、更好的物质享受、更先进的技术、更多的教育和娱乐等等。而且人类在过去的100年里并没有生理上的大变异，照理说人类应该比过去更幸福，可结果却是大相径庭，人类反而越来越感到不幸福。塞利格曼把这一现象称为人类20世纪最大的困惑。

怎样消除这种困惑？消极心理学的已有实践证明我们不能依靠对问题的修补来为人类谋取幸福，因此，心理学必须转向人类的积极品质，通过大力倡导积极心理学来帮助人类真正到达幸福的彼岸。积极心理学能否担当这一重任？或许人类本身长期的心理学实践能很好地回答这个问题。

心理学家对美国退伍军人管理委员会的650名病人进行了长期的研究。研究发现，病人的积极态度与他良好的身体活力呈正相关，而与他的身体病痛状况呈负相关，总的来说，具有积极态度的病人的身体健康状况相对较好。在另一项研究中，研究者对300名心脏病病人进行了跟踪研究，结果发现：在做了心脏搭桥手术后，乐观积极的病人再次进医院做手术的人数比例远远低于消极悲观的病人。一些美国心理学家还作了一项长期的宏大研究，他们在20世纪60年代用《明尼苏达多相人格测验量表》对800名男女进行了测验，从中筛选出乐观型解释风格人格和悲观型解释风格人格（这是塞利格曼提出的一种人格分类标准，具体内容可以参阅后面第五章）。30年后，心理学家对这些研究对象的各方面状况作了一个系统的分析研究，他们发现具有悲观型解释风格人格的人的总的身体状况要比整个团体平均数差，他们的死亡率明显高于团体平均数，接受医院治疗和心理治疗的次数也大大多于团体平均数；而具有乐观型解释风格人格的人的情形则正好相反。

当然，我们还可以列举出许多类似的例子，不过有一点要说明的是，我们列举再多的实例也不能充分证明积极心理学就一定能有效地减少人类心理问题的产生。积极心理学的兴起才只有短短的几年，它的实践尚不足以证明自己对解决人类问题的有效性。事实上，我们在这里也并不想通过列举实例来证明心理学关注积极的必要性，我们只想表明：消极心理学过去的实践已经证明了它对有效地解

---

① 东方文化比较强调忍受痛苦，不愿意谈论和公开有关精神方面的问题，而且许多人还把精神疾病当做是一件不光彩的事。

决人类自身的问题无能为力，那我们为什么不换一种思维、换一种方法试试呢？换一种思维、换一种方法，我们至少还有解决问题的希望，更不用说心理学过去的实践已经有意无意地证明了心理学关注积极对解决人类自身问题的有效性。

2. 从理论的角度来看

其实，我们说人与人、人与万物是靠各自的积极来组成我们的社会，人只有积极地对待他人、对待世界万物，社会才能和睦相处而安宁，人类也才能获得永久的幸福。而反之，如果我们消极地应对他人或世界万物，社会就会被各种问题所控制而失去存在的可能，人类也会很快走到自己的尽头，更不用说获得什么幸福了。从一定程度上说，社会的某种价值倾向对于整个社会来说担当了社会变化的诱导者角色。这就如一个心理治疗师对于他的病人一样，他以什么方式导入就会影响到其治疗对象发生什么样的变化，虽然也许会有同样的结果出现，但同样的结果其实是蕴藏了不同的价值意义。因此，一个社会只有以积极作为自己的根本价值，这个社会才能变成有效、公正、人道的社会。

我们今天的社会已不同于我们祖先的时代，人类的一切活动都不仅是为了生存，而是为了生活得更幸福。在这样一个追求幸福的时代，人类已不再需要消极来时时对我们发出警告，而是需要积极来增强我们的力量和信心，这是我们当前社会的最大实际需要。心理学是一门研究人的科学，它以人类的心灵及其产物作为自己的研究对象，同时心理学的研究活动又是一种主观见之于客观的过程，它并非某种心理规律或本质的认识，而是一种文化建构，反映了特定文化的价值观。因此，心理学从本质上说是一种社会性的、历史性的存在，帮助人类获得自身应获得的幸福是当代心理学最迫切的任务。人类的一切科学从本质上说都是一种生活科学，其目的是帮助全体社会成员更加自然、容易地获得幸福和共享幸福。消极心理学只看到人的心理问题和外在世界的不良事件、恶劣环境，把心理学的目的定位于消除人心理和社会的各种问题，期望问题被消除的同时能自然给人类和人类社会带来繁荣。这种价值取向不仅使心理学本身的发展走向了畸形化，而且也导致了社会价值观的扭曲，影响了社会的和谐发展。

美国心理学家谢尔顿曾描绘了这样一种现象，当一个人回顾自己的过去并总结说自己是一个好人时，心理学家们马上就会给他贴上一个标签：自恋狂；当一个人帮助了另一个陌生人时，心理学家们就一定会从这个人的行为中寻找到他的自私利益。总之，消极心理学的视野中是不存在利他主义、同情、美德等，有的只是错觉、幻觉、非理性、怪癖、自负等字眼。在消极心理学看来，消极的社会动机是真实的，是放之四海而皆准的，积极的社会动机只是一个副产品，是人类偶然为之。

（三）西方文化与东方文化中的积极意蕴

积极心理学是西方文化背景下的产物，它的提出更符合西方文化背景。在西方认为是好的东西在其他文化条件下未必就是绝对的好，因此所谓的"积极精神"是否是全人类普遍追求的，甚至在其他文化背景下是否真实存在，仍然有待于进一步的考察。

1. 西方文化精神下的积极意蕴

西方文化精神本质上是一种对快乐和享受的追求，西方人更多的关注个人的感受，对于人们在道德上的要求和束缚较少，物质主义、享乐主义和功利主义是其典型的代表。另外，西方文化更倾向于个人主义文化，人们更多的关注个人的成长和发展以及个人的喜乐和满足，其道德方面的限制和约束并不多。在西方文化背景下，人们更多的对于"积极"非常的推崇，在整个表达过程中，西方人也为自己具有积极精神而感觉到舒服和自在。这使得积极心理学这种主张"积极"、追求幸福的学科在西方一经提出就备受欢迎。

文化精神会影响人们的思维方式，并且这种影响是非常明显的。西方倡导的是主客二分的二元思维，这种哲学思想对西方思维发展而言影响非常大。导致了西方人在看待事物和评价事物的时候，往往得出非黑即白、非好即坏的认识，这种绝对的二元划分让人们对事物的认识和判断变得简单。积极心理学将心理学研究简单的划分成了积极和消极两端，就是这种西方思维的最好体现。

另外，西方思维是分析思维，西方人在对事物进行理解和认识的过程中，往往习惯将事物进行逐级的拆分，让事物还原成最小的单位，利用这种还原主义思维来认识事物。在心理学研究中，还原论的表现形式是多样化的。虽然形式多样，但在本质上都是以低级现象研究并推断高级现象，通过个体心理研究推断人类心理的一般规律，所研究的人和心理现象都是抽象的。这种还原主义的分析思维方式，造成了西方对科学主义精神的追求，在心理学研究中的最好体现就是心理学的自然科学主义科学观。

2. 东方文化精神下的积极意蕴

东方文化以中国文化为主要代表，中国文化精髓相对来说更主张忧患意识，对快乐和享受主张"节欲"和"克己"。对人的行为要求具有强烈的道德约束关心人与自然、人与社会的和谐共处。可以说，中国文化并不提倡"积极精神"。在中国文化传统中，因为受到辩证思维的影响，中国人相信万事万物都处于永恒的变化之中，没有永远的好和永远的不好，因此更多的主张居安思危，时刻保持对"消极"的关注。中国文化对于道德的约束也较为严格，中国文化中有很多对道德的约束和主张，对于什么是理想的人、怎样成为理想的人有很多的关注和探讨。作为典型的集体主义国家，中国人更多的表现为克制自己的欲望，而以对集体、社会、自然有益作为行为的准则。

中国文化主张天人合一的一元思维，这种哲学思想对中国人的影响极深。人们在对事物进行判断的过程中，认为事物永远处于变化之中，并不会将事物进行绝对的划分。此外，中国文化的思维方式是整体性思维，对事物的认识往往从个整体来进行。这就造成了在中国的土壤中，人们更加追求一种人文精神，而非西方的科学主义精神。

二、积极心理学

近年来，心理学界逐渐形成了一种共识，即心理学在研究人的各种问题的同时，也要把发展和培育人的积极力量作为自己的一项核心任务，这就是当代的积极心理学运动。在2004年美国汤姆逊出版社出版的世界心理学史最具权威的《现代心理学史》第八版的前言中，美国最著名的心理学史专家舒尔兹教授把积极心理学和进化心理学并称为当代心理学的两大最新进展。

积极心理学是一门致力于研究人类美德和发展潜能的科学，它是运用比较完善的测量技术和实验方法从个体、群体以及组织系统等层面来研究人类积极特质的一种学科思潮。其创始人是美国著名的心理学家塞利格曼（seligman），兴起于20世纪90年代末。相较于传统的消极心理学，积极心理学更加关注个体的积极心理品质，注重个体对幸福生活的向往，更加符合经济飞速发展的现代社会人的心理需求。因而，自从积极心理学诞生以来便受到学者们的广泛关注，并逐渐成为心理学的一个研究热点。

（一）积极心理学的提出

心理学自从1879年取得独立地位以后，就面临着三项主要使命：治疗人的精神或心理疾病、帮助普通人生活得更充实幸福、发现并培养具有非凡才能的人，这三项使命在第二次世界大战以前均得到了心理学工作者的同等程度的关注。但在"二战"以后，心理学把自己的研究重心放在了心理问题的研究上，如心理障碍、婚姻危机、毒品滥用和性犯罪等问题，心理学正在变成一门类似于病理学性质的学科。心理学研究重心的这种转移实际上背离了心理学存在的本意，因为它导致了很多心理学家几乎不知道正常人怎么样在良好的条件下获得自己应有的幸福。

积极心理学（positive psychology）这个词最早于1954年出现在马斯洛的著作《动机与人格》中，当时该书最后一章的标题为"走向积极心理学"。可以说，积极心理学的出现及发展与美国著名心理学家、宾夕法尼亚大学教授塞利格曼的大力倡导分不开，毫不夸张地说，没有塞利格曼就没有积极心理学运动。特别是塞利格曼1997年当选为美国心理学会（American Psychological Association，简称APA）主席一职后，他更是利用其影响四处倡导积极心理学运动，并把创建积极心理学看作自己APA主席任务中最重要的使命之一。在1998年美国心理学会的年度大会上，塞利格曼明确提出了20世纪心理学的发展存在着两个方面的不足：其一是在民族和宗教冲突上，心理学介入不够；其二是对强调和理解人的积极品质与积极力量的积极心理学运动重视不够。因此，21世纪的心理学要把这两个方面作为自己的工作中心。这是心理学历史上第一次在正式的公开场合使用"积极心理学"一词，不过当时塞利格曼在提到积极心理学时是加了引号的，就塞利格曼本人来说，也许他当时还并不十分清楚积极心理学今后到底会有什么命运。赛利格曼于2000年在《美国心理学家》上刊登的《积极心理学导论》一文中正式提出："积极心理学是致力于研究人的发展潜力和美德的科学"。2002年，斯奈德和洛佩兹主编的《积极心理学手册》的出版正式宣告了"积极心理学"开始作为一门独立学科存在。

目前关于积极心理学的研究，主要集中在研究积极的情绪和体验、积极的个性特征、积极的心理过程对于生理健康的影响以及培养天才等方向。一些学者认为，积极的情绪和体验、积极的人格特征和积极社会环境是积极心理学研究极其关注的问题。而无论积极心理学有哪些研究主题，它都有以下的特点：关注人的发展与人的价值展现；强调一种积极正面的价值取向；以科学实证为主要研究方法。

（二）心理学产生积极转向的原因

心理学为什么会发生这种转向呢？这主要有以下三个方面的原因。

第一，心理学内部的回归平衡趋势是积极心理产生的最重要原因。

积极心理学运动倡导者之一，美国心理学会前主席、宾夕法尼亚大学著名的心理学教授赛里格曼于1998年在题为《构建人类的优点：被心理学遗忘的使命》

一文中指出，心理学应该具有的三项使命：①研究消极心理，治疗人的精神或心理疾患；②致力于使人类生活得更加丰富、充实，有意义；③鉴别和培养有天赋的人。在第二次世界大战之前，上述三项使命得到了心理学研究者同等程度的关注并取得了很大进展。但是在二战之后，随着社会政治、经济环境的变化，战争带给人类心灵和身体的巨大创伤，心理学研究的重点开始转移，逐渐忽视甚至放弃了后两项使命，将视野越来越局限在对人类心理问题、心理障碍、环境压力对个体造成的负面影响方面，研究的焦点集中于对个体心理问题的测评、对个体心理疾病的矫正和治疗。心理学逐渐演变为了一种矫正和治疗式的科学，其最大成果就是形成了以DSM（心理疾病诊断和统计手册）为标志的统一的世界性精神和心理疾病的诊断标准。正如赛里格曼所指出的那样，心理学在过去对人类做出了很大贡献，至少有十余种以前难以控制的心理疾病，现在已经了解了它们的机理，并且能够治愈或在很大程度上得到缓解和控制。在心理学取得巨大成就的同时，在某种程度上，心理学也几乎成为"消极（病理或变态）心理学"的代名词。由于心理学缺乏对人类积极品质的研究与探讨，过分集中在个体的消极层面，由此造成了心理学知识体系的不完善，以至于心理学成为一种专为少数人（问题人）服务的科学。

第二，心理学由消极开始转向积极除了有心理学本身的内部原因之外，同时也有其外在原因。

历史已经证明，当一个社会发展到一定的阶段，特别是解决了生存性问题之后，这个社会必然会转向积极。以中国鼎盛时代的汉唐为例，那个时代的中国修建了大量精美的建筑，留下了至今仍然具有较高艺术价值的编钟等文化遗产。社会的这种发展趋势就如同一个家庭一样，当一个家庭处于生存困难、食物短缺的状态时，这个家庭就只能以解决各种生存问题为中心。但当这个家庭解决了这些问题之后，就会开始关注美化自己，会尽最大努力来使自己体现出家的积极特性（如舒适、温馨等）。社会发展到今天已经基本解决了人类自身的生存问题，大多数人已经不用再为自己的吃、喝、穿等基本需要的满足而发愁（当然世界上还有一部分地区或国家处于解决基本的生存需要状态，事实上这些地区或国家也不可能太关注积极心理学），因此今天社会的多个领域都已经开始向积极转化。如在教育领域，现代的教育者开始关心通过发展学生的积极品质、增进学生的积极情绪来提高教育效率，如赛里格曼提倡的RCT教育等。在经济领域，美国普林斯顿大学心理学和公共关系学卡尼曼（D.Kahneman）教授提出了前景理论（Prospect Theory），认为人们对同一事物会从不同的角度来进行思考，如果从积极的角度来引导人们进行思考（比如从个体获得的收益角度来引导），个体接受的可能性就较大；而如果从消极（个体可能面临的损失）的角度来引导个体进行思考，个体通常会拒绝。

第三，对积极心理学产生重要而直接影响的是现代医学实践的转向。

医学在20世纪五六十年代非常重视治疗，但后来在实践中发现，预防一种疾病要比治愈一种疾病容易得多。现代医学开始由关注生理疾病的诊断、治疗转向积极调动人自身的免疫系统，开始把重点放在疾病的预防上，这才是提高人类生命质量的一条最重要途径。当医学开始发生这一转向时，以医学为榜样的现代心理学自然要发生相应的变化。因此，一些心理学研究者也开始意识到预防心理疾病的重要性。生理疾病的预防主要靠各种疫苗而不是预先多吃各种抗生素，那预防心理疾病的疫苗又是什么呢？心理学研究者们发现，人性层面的积极力量和美德，如勇气、乐观、爱、人际技能、职业道德、信仰、希望、忠诚、坚韧等对于心理疾患起着不容忽视的调节和缓冲作用，也就是起到了生理疫苗的作用。因此，越来越多的心理学研究者意识到，当代心理学不仅应着眼于心理疾病的诊断与治疗，更应该研究如何发掘、培养、发挥人类的积极心理品质，研究人性优点比仅仅修复人性疾病更有价值，因为人性的积极品质是人类赖以生存和发展的核心要素，更有助于人类深刻理解自己。这样幸福、快乐、希望、乐观、智慧、爱、满意感、士气、宽容、兴趣、意义感等积极品质开始逐渐地进入了当代心理学研究的视野，从而使得积极成为当代心理学研究中新的价值取向。

目前，心理学的多个研究领域，如经济心理学、管理心理学、临床心理学、教育心理学、咨询心理学、人格心理学和健康心理学等，都开始将注意力转向研究人类的积极心理品质。比如在经济心理学领域中，上文已经提到的普林斯顿大学心理学和公共关系学卡尼曼（D.Kahneman）教授指出的关于把不确定条件下人的判断和决策的思想结合到了经济学中的理论，其核心就是积极。美国著名心理学家弗瑞德克森（B.L.Fredrickson）提出管理心理学家应当努力培养组织成员的愉悦、兴趣、自豪和满足等积极情绪。通过积极情绪的培养，一方面使组织成员的心境得到改观，另一方面通过组织成员之间、组织成员与顾客之间的相互影响，使整个组织发生变化，从而促使组织的兴旺和发展。在临床心理学领域，一些学者提出为了帮助患者提高生活质量，激发其积极行为，可以对环境重新设计，向个体传授控制环境和行为的技巧等。教育领域也正发生着相类似的变化，教育的核心意义正在从原来过于关注学生所存在的问题而转向关注学生的积极体验和积极品质，强调学生的真实感受才是教育的核心价值意义，这一价值观目前正逐渐成为达成全面发展教育目标的最重要理念。

(三) 积极心理学的概念

关于积极心理学的概念，有人曾经简单地将其定义为研究人类发展潜力和美德等积极心理品质的一门学科。也有人认为积极心理学是关于人类幸福和力量的科学。国际积极心理学网站的首页上则对积极心理学有明确的解释："积极心理学是一种以积极品质和积极力量为研究核心，致力于使个体和社会走向繁荣的科学研究。"具体来说，积极心理学有以下两个内涵。

第一，"积极"是积极心理学研究的重点，尤其是人自身的积极品质和力量，它的任务是使人类自身的积极力量能得到充分关注和挖掘。

第二，积极心理学不仅要激发个人内在的积极力量和优秀品质，更要将目标延伸至社会制度以及大众层面，使个人与社会都能感受到积极心理学的作用和意义。

总的来说，积极心理学推翻了第二次世界大战后的消极心理学倾向，体现了以人为本的思想，倡导积极人性论，提倡用自身的积极品质和积极力量去预防心理问题的产生，实现了心理学的价值平衡。积极心理学把自己的研究重点放在人自身的积极因素方面，主张心理学在研究人的各种问题的同时，也要以人固有的、实际的、潜在的具有建设性的力量、美德和善端为出发点，提倡用一种积极的心态来对人的许多心理现象（包括心理问题）作出新的解读，并以此来激发人自身内在的积极力量和优秀品质，并利用这些积极力量和优秀品质来帮助有问题的人、普通人或具有一定天赋的人最大限度地挖掘自己的潜力并获得良好的生活。

(四) 积极心理学的研究取向

相对于消极心理学而言，积极心理学不仅关注心理有问题的人，更加关注身心健康的普通人；不仅注重心理疾病的预防和治疗，更关注心理潜能和积极力量的激发，更加相信人的价值、尊严和发展潜能。积极心理学的研究取向主要集中表现在以下三个方面。

1. 在主观层面上，更加关注积极的主观体验的研究

积极心理学在主观层面上，着力研究个体的积极情绪体验，如幸福感、愉悦感、期待感、成就感和满足感等等。在积极的情绪体验中，研究最多的是主观幸福感、快乐和爱。相关研究发现，人类的各种积极情绪体验不是截然分开的，具有高度的相关性和一致性。学者费里德里克（Fredrick）认为，某些积极的情绪

体验，能增强个体的积极资源。如增强人的智力、体力以及人际关系能力等。个体的积极主观体验主要来源于积极的认知态度，善于用积极的视角看待事物，善于看到事物（甚至是不利的事物）的积极面，善于用积极的认知塑造积极的人生，自然会体验到较多的积极情绪。秉持积极的认知态度的个体，即便面对挫折情境，也会很快地从困境中走出来，自然会更乐观、更坚强、更积极。

2. 在个体层面上，更加关注积极的人格特质的研究

积极心理学在个体层面上，更加关注研究个体积极的人格特质，包括坚韧、宽容、美德、乐观、智慧、机智、创造力等等，其中研究最多的是乐观。积极心理学认为积极人格的培养重点要培养个体的乐观主义精神。当个体遇到生活事件，通常存在"乐观型"和"悲观型"两种解释风格。与悲观型不同的是，持有乐观型解释风格的个体，善于积极处世，能够保持较良好的心态，即便处境不佳时，仍然相信阳光会再来，对生活抱有积极的态度，对未来充满希望，总是乐观向上、勃勃生机。这种积极的生活态度，会产生更多的积极情绪体验，拥有更多的幸福感、满足感、获得感与生活意义感。

3. 在群体层面上，更加注重积极的组织系统的研究

积极心理学在群体层面上，着力研究积极的组织系统。因为个体是环境的产物，任何个体的成长都离不开家庭、学校和社会等构成的组织系统的影响。组织系统不仅包括社会层面上积极的宏观系统的研究，还包括个体层面上积极的微观系统的研究。前者如所有公民的社会责任感、集体荣誉感、法制意识和道德观念；后者如融洽的家庭环境、良好的单位环境、和谐的校园环境、和睦的宿舍环境、友善的同学关系等。学者威廉姆斯（Williams）等的研究结果表明，当学生们处于较优良的周围环境中，能得到其老师、同学和朋友们的鼓励和支持时，他们会拥有更良好的心理健康状况、更加和谐的人际关系；如若相反，就容易出现不健康的心理状况和行为方式。因此，温暖的、友善的、和谐的外部环境能大大增进个体积极的情绪体验。如果个体长期处于良好的组织系统中，就会促进其形成更多、更积极的人格品质。

综上所述，积极心理学是一门致力于研究人类美德和发展潜能的科学，积极心理学在主观层面上，着力研究个体的积极情绪体验；在个体层面上，更加关注研究个体积极的人格特质；在群体层面上，着力研究积极的组织系统。

三、国内外积极心理学研究现状

积极心理学作为新兴的心理学思潮，给传统心理学界注入了新鲜血液，带来了新鲜空气。在其发展的十多年中，引起了包括中国学者在内的一大批学者的关注与兴趣，产生了一些研究成果。下面将对目前国内外积极心理学研究现状进行简要介绍，以期为以后的积极心理学研究者提供参考。

（一）国外积极心理学研究现状

在国外，积极心理学经过几十年的蓬勃发展，现在已经具备了一个成熟的研究领域所有的结构性组织部分，是心理学界一股强大的新生力量。国外对积极心理学的批判与反思已有一定的成果。积极心理学现在有很多学术专著和论文，其中包括手册、教材以及在如下杂志上发表的专辑：《美国心理学家》《人本主义心理学杂志》《心理学探究》《理论与哲学心理学杂志》《普通心理学评论》《国际教练心理学评论》《非洲心理学杂志》《理论与心理学》《行为医学年鉴》，等等。

目前来看，积极心理学的研究者们对于积极的情感体验和积极的个性特征的研究关注比较多，而对积极的社会组织系统的研究则相对较少。有研究者认为，积极心理学的出发点完全是关于个人的自我实现，即实现个人的幸福。尽管它确实提到了社会因素(例如"积极机构")，但这些因素实际上只是一个次要的问题。在研究过程中，国外的研究者通常较为注重对实践应用等进行纵向深入的探索，研究者更多的侧重于采用实验的研究方法进行研究，以及开展对相关问卷和量表的编制和应用。S.I.Donaldson 等人的研究发现，目前在积极心理学领域中研究最多的主题是幸福感，同样研究较多的预测性因素有性格优势、感恩、希望、正念和灵性等主题。至少从表面上来看，这些研究主题都是积极的。对这些积极概念的研究表明了，随着积极心理学的提出和发展，国外研究者确实对于积极的研究关注在逐渐增加。

虽然积极心理学在提出之初的目的还包括研究消极现象在促进美好生活中的作用，但从目前的研究现状来看，积极心理学的研究则主要集中在对积极特质带来的积极方面，并且只是局限于这些积极方面。这也开始引起一部分研究者的担忧。虽然大多数研究者都认为心理学需要研究人类功能更光明的一面，但是也有研究者对于积极心理学运动的过于"积极"提出了质疑。例如积极心理学对于积极和消极的划分是否合理，积极心理是否带来的都是积极的后果，消极心理又是否带来的就是消极的后果，积极心理学运动是否导致心理学从"消极"的极端走向了"积极"的极端等展开了探讨。

此外，有研究者提出了关于积极心理学的文化背景的考察，对于究竟积极心理学是文化无涉的，还是文化涉入的问题展开了激烈的探讨。许多研究者表达了对积极心理学似乎以种族为中心和狭隘的专注于西方文化价值观的担忧。因为积极心理学在研究过程中，完全忽略了性别、阶级、种族和权力关系等的影响。这就导致了，当积极心理学在当地应用时可能使现状保持不变，但是当在不同文化间应用时，积极心理学可能成为"文化上的不尊重，近乎心理帝国主义"。有研究者指出，例如促进独立自我、幸福、积极情绪以及核心价值观等内容对于积极心理学而言是很重要的研究方向，但是这里存在一个首要的问题是，并非每种文化都以相同的视角看待这些生活方面。这就为积极心理学的文化考察提出了要求。有研究者指出，深入研究幸福及其意义，不仅要问一个人如何获得幸福，同时有必要思考幸福是否是每种文化中的优先事项，因为并不是所有文化群体都把对幸福的追求放在第一位。这些研究都说明了对于积极心理学有关的文化问题的研究是迫切的，同时也是较为艰巨的。

总而言之，国外对积极心理学开展了很多的研究，研究者们对积极心理学的态度并没有完全的进行盲目的追捧，还能够进行一个较为客观和冷静的分析，对于积极心理学存在的问题有所反思。从国外的研究现状来看，积极心理学确实存在一系列需要进一步探讨和解决的问题。

（二）中国积极心理学研究发展现状

自从积极心理学在西方产生以来，国内研究者以其为榜样，也迅速开展了很多相关的研究。国内积极心理学的研究内容主要是根据国外最新的研究进展展开的，研究主题与国外的研究热点相似。总体而言，国内研究主题较为丰富广泛，但是也较为分散，主要包括主观幸福感、积极人格、积极组织行为以及和谐社会等方面，重点关注积极的情感体验，其中以幸福感的研究居多，占有较大的研究比重。除了心理学领域之外，其他领域如教育学、管理学等也都对积极心理学非常关注，研究者们尝试着将积极心理学的积极取向运用到各自领域内，从理论到实证层面不断努力的进行探索，开展了诸如积极教育、积极管理等方面的研究。总体而言，目前国内积极心理学的研究更加侧重于理论介绍和理念应用，实证研究相对较少。

同国外研究者一样，国内也有一部分研究者在积极关注当前西方积极心理学存在的问题。况志华和任俊指出，目前对于积极心理学的批判主要集中在其研究对象、研究内容和价值观等层面上，在这些层面上都存在一定的问题需要解决。任俊和叶浩生指出，积极心理学目前存在一系列问题还没有解决，例如研究的理论基础十分薄弱、研究的体系不够完整、缺少有说服力的纵向研究、表现出一定的话语霸权，以及和早期心理学的相关研究存在一定的脱节等。此外，由于积极心理学提出了对以往传统主流心理学的批判，很多研究者认为积极心理学是一场心理学的革命，但是深入分析却发现，积极心理学并不存在研究范式上的根本转变，因此不能算作心理学发展史上的一场革命。

此外，国内研究目前仍然停留在对西方积极心理学的引进和介绍中，缺少适合本国国情的本土化研究。有研究者尝试对中国传统文化中的积极心理学思想进行梳理，提出中国传统文化中早已具有积极心理学的思想。然而，在这个过程中也仍然采用西方的标准来对我国的传统文化进行割裂和划分。也有一些研究者在努力尝试进行积极心理学的本土化研究，并且开展了对中国特有的和谐心理的探讨。例如，王华提出，西方的积极心理学在中国的体现本质上是和谐心理。另外，对于积极心理学的中文翻译，有研究者指出，"积极"这个词在中文中具有特定的内涵，特别是"主动"和"有活力"，这与西方提出的积极心理学的核心主题不一致。这些研究都为在我国开展积极心理学本土化工作提出了要求。

总的来说，处于起步阶段的积极心理学在国内还有许多未知领域亟待探索，有许多空缺需要填补。受到文化背景的深刻影响，积极心理学的跨文化差异和应用尚需中国心理学研究者的深入探索。未来的积极心理学研究者应开阔研究视角和思路、加强学术创新，着眼于跨学科研究，努力构建培养积极心理学专业人才的良好学术环境。唯有如此，积极心理学在中国的繁荣发展方指日可待。

（三）中国积极心理学的本土化发展

本土化是指使事物适应本国、本地、本民族的情况，在本国本地生长，具有本国、本地、本民族的特色和特征。心理学本土化强调心理学的发展受到地域和文化的影响和制约，主张将各种研究方法和知识形态融入到本土化建设中来，也就是融合多元文化的心理学。

国内学者孟维杰等人指出，心理学真正本土化的关键在于创建具有本土意蕴的概念和理论。高媛媛也认为，在开展心理学本土化研究的过程中，要将本土的传统与现代心理行为结合起来，努力寻求和尝试多样化的思想理论及研究方法。吕小康指出，对于本土心理学的理论建构可以是人文主义导向的，这需要达成理论建构方向的共识，立足中国传统的心理学思想及其学术传统，进一步凝聚理论的关注点。这些都说明简单的进行西方积极心理学的移入，或者对传统文化典籍中积极心理学思想的挖掘是不够的，还需要尝试创建本土的积极心理学。在尝试进行创建本土的积极心理学时，需要以已有的研究成果为基础。

目前国内积极心理学研究仍然存在着对西方积极心理学的强烈依附，导致国内积极心理学研究注定是一种重复性和验证性的研究，其研究结论只能是对西方积极心理学的补充，而无法解决本土民众的心理问题，这为积极心理学本土化研究提出了更高的要求。国外有研究者认为中国人在进行积极心理学研究时，需要尝试创造自己的概念，而不是一味的引进西方的概念。这样才能产生一种真正意义上的全球性积极心理学。目前国内有一些学者在努力尝试探索对中国本土心理学进行理论上的创新，可以为创建本土积极心理学提供一定的启发。

在中国进行心理学本土化工作，需要对西方心理学所设定的科学观予以重新的思考和定义，而不仅仅是完成将西方的东西在本土的地域上进行简单的转移中国心理学的本土化研究需要正确处理与西方心理学以及自身的传统文化之间的关系，才能在此基础之上建立起一种关于中国人的心理学知识体系。因此，积极心理学本土化工作的展开，可以将多元文化心理观作为自身的发展理念，在诠释和构筑自己本土的心理学传统的同时，将西方文化的智慧和精华纳入进来，实现彼此双方的对话与沟通，以此来建构一种具有新的文化品质的积极心理学。目前来看，开展积极心理学本土化运动可以从三个方面来进行探索，一是将兴起于西方的积极心理学移入到本土的背景和生活之中，二是挖掘化中国本土文中的积极心理学思想，三是创建立足于本土文化和生活的新形态的积极心理学。

此外，对中国人的积极心理的研究，可以从心性修养、心理资源、心理和谐以及心理成长这四个具有本土意味的概念来开展。在进行研究和考察的过程中，最重要的一点是，这四个概念都不是一种终止的状态，而是不断变化、不断积累、不断生成、不断创造的过程。那么在研究时，应该将这种生成性考虑进来，多多关注研究被试的主观体验，完成对概念的生动理解。总而言之，研究者应该充分借鉴西方已有的研究成果，立足中国本土文化传统，结合当代中国的实际情况来开展相关的研究，让积极心理学研究更好的为中国人服务。

第二节 积极心理学的产生及发展

现代积极心理学经历了一个从无到有的发展过程，尽管其理论形成的时间并不长，但是已经建立了比较完善的科学体系。本节从积极心理学产生的社会背景与心理学渊源、兴起及其在未来的发展三个方面对积极心理学的发展过程进行介绍。

一、积极心理学的产生

从表面来看，积极心理学似乎只是心理学自身的一种简单转向，但如果仔细对这种转向作一个深入考察的话，我们就会发现，积极心理学的这种转向并不是源于某些智者的一时之念，而是有着它特定的时代背景和心理学渊源。

（一）积极心理学产生的社会背景

首先，积极心理学是对当前人类社会愈演愈烈的种族和宗教冲突反思的结果。尽管进入21世纪的人类创造了高度发达的物质文明，但社会在种族和宗教方面的紧张和冲突却丝毫不比前几个世纪有所缓解。无论是在欧洲、亚洲、非洲还是在美洲，我们到处都可以看见种族和宗教冲突的例子，许多冲突甚至酿成了人间悲剧。这些悲剧促使人们去思考：种族和宗教冲突的根源到底在哪里？为什么同样存在着种族和宗教的矛盾，有些地区会酿成悲剧而有些地区却能和平相处呢？这也许是一个复杂的社会问题，需要社会各方面的共同努力才能解决。但有一点却是非常明显的，那就是人类只有从人性共同的部分才能真正寻找到解决这一问题的最终办法。在这里，人性的共同部分就是人性的积极，也就是说不论哪个民族、哪个宗教信仰的人，他们都有自尊、满意、快乐等积极品质，并把这些看作自己追求的生活目标。当世界的各个民族、各个宗教信仰的人都在努力实现自己的这些积极品质都在过着相同或类似的幸福生活时，这种冲突和争端也许就会停止。

其次，科技和社会经济的发展给人类带来了困惑。从整个西方社会的现实来看，科技和社会经济的发展并没有解决社会的全部问题，特别是没有给人类带来想象中的幸福。第二次世界大战以后，人类经过几十年的和平建设，西方社会在许多方面都出现了令人瞩目的进步，如婴儿死亡率明显下降、儿童受教育水平得到了大幅度的提高、生活贫困人口的绝对数量显著缩小等。但在另一方面，人类社会的某些领域却并没有随着这几十年来经济的发展而发展，有些甚至还倒退了。如以美国为例，1960—2000年来美国的经济增长很快，但其国民的生活幸福度指数却几乎没有什么增加,而在这一时期美国的抑郁症患者的数量却反而增加了,几乎是 40 年前的 10 倍多,而且抑郁症患者也正呈现一个低龄化的倾向,出现了许多十几岁的抑郁症小患者;同样的状况还表现在社会稳定和安全方面,在这一时期美国感觉不安全的人数增加了,青少年犯罪、儿童自杀等都出现了较稳定的增长。

最后,西方广大的普通民众对自己生活质量的要求不断提高。由于民主运动的发展和人类自我认识的提高,西方民众对自己生活质量方面的要求变得越来越高,他们比以前更渴望过有意义的幸福生活。美国《纽约时代杂志》曾对成年人进行过一个很有意义的调查,问卷题目是"假如每天会多出 3 个小时(有 27 个小时),你会怎么过这三个小时来使自己更满意?"结果约 2/3 的人说要和家人平安地待在一起,另外 11% 的人说要和朋友待在一起。尽管这是一个反事实问题,但从人们对这个问题的回答我们不难发现,大多数人希望有更多的时间和自己的亲人、朋友平安地待在一起,而不是去挣更多的金钱或物质,并把这看作幸福和有意义的生活享受。

(二)积极心理学的心理学渊源

塞利格曼自认为积极心理学渊源于奥尔波特(G.W. Allport, 1897-1968)的人格特质理论和马斯洛的人本主义心理学。事实确实如此,但又不完全尽如此。其实除了人格心理学和人本主义心理学的影响之外,西方 20 世纪五六十年代的心理健康运动也对当代积极心理学的发展起了重大的推动作用。

1. 积极心理学与人格心理学理论

奥尔波特是一位杰出的人格心理学家,经过 30 多年对人格的研究,他逐渐形成了自己系统的人格理论。奥尔波特认为"个性(人格)是个体内那些决定个人特有的行为与思想的心身系统的动态结构。"奥尔波特的这个人格定义主要包含了三个含义:第一,人格的复杂性。奥尔波特强调人格是"心身系统"的结构,即人格是由遗传、社会和心理等因素构成的,它的形成是一个复杂的过程,只分析任何一个因素都不能充分说明人格的全貌。第二,人格的独特性。奥尔波特认为人格是"特有的",尽管一个人和其他人有着许多的共同点,但每个人都有着自己独特的人格。第三,人格在结构上是动态的。所谓人格的"动态结构",就是说人格是一种发展的、变化的结构,是一种动态平衡,它在某种意义上反映了个体的动机状况。

奥尔波特认为个体的动机系统为其人格的形成提供动力,因此个体的不同动机直接就能影响到人格的形成。但动机与人格的关系又不是简单的线性决定关系，动机具有一种机能自主的特性。所谓动机的机能自主，是指任何一种由学习而获得的动机系统，只要这种动机所包含的紧张和这一习得系统由之发展形成的先行紧张不是同一种紧张，则这一个习得的动机就表现出了机能自主。而一旦动机获得了机能自主，那它就变成了自给自足的"自在体"，而不再依赖原来的紧张。例如一个小孩练习弹钢琴，在初始阶段，他可能是因为害怕父母的训斥而去练习弹琴，因此逃避父母训斥的紧张心理就成为了他练习弹琴的动机。但当他经过五六年的练习以后，他练习弹琴的唯一理由是由于演奏自身已成为了一种享受，追求获得快乐享受的心理就成为了他练习弹琴的动机。在这一过程中，这个孩子的后一个习得的动机系统就表现出了机能自主，其导致动机的心理紧张已发生了变化。这种动机机能自主的现象在生活中有很多，如一个优秀的画家即使不再依赖其绘画谋生却仍然会继续从事他的精彩作业，商人超过他的生活消费需要的贪婪积财等。正是动机的这种机能自主的特性才使得个体的人格是动态的，塞利格曼也正是从这里受到了启示。

2. 积极心理学与人本主义心理学

积极心理学的另一个渊源是人本主义心理学。尽管积极心理学的创始人塞利格曼早期曾在多个场合指责人本主义心理学，认为人本主义心理学"没有形成产生任何研究传统、具有自恋主义倾向、是反科学的。"但从积极心理学的研究主题来看，不管积极心理学承认与否，它显然是受到了人本主义心理学的影响。

1961年创建的《人本主义心理学杂志》和1962年成立的"美国人本主义心理学协会"标志着人本主义心理学的诞生。人本主义心理学代表人物有马斯洛、罗杰斯、戈尔德斯坦等。它主要研究人的内心生活体验，看重人的积极面，强调对人的尊重，以人的自我实现为核心，强调人性的优点和价值，探索人类的美德、爱、宽恕、感激、智慧、控制和乐观等。人本主义心理学在心理学历史上第一次为心理学树立了一个充分体现人性意义的主题——使人生活得更像个人，这也正是积极心理学所追求的目标和所体现的意志。在这一点上，积极心理学和人本主义心理学几乎有着完全的重合。不过在另一方面，始终没有汇入心理学主流的人本主义心理学却又似乎更多地是以经验教训的方式影响着积极心理学的发展。

积极心理学充分注意到被人本主义心理学所忽视的人的个性、价值和创造性所依赖的社会环境和历史制约性。它的研究对象主要集中在积极的情绪和体验、积极的人格特征、积极情绪与健康等方面。人本主义学家存在以意识经验现象学分析来反对实证的主流心理学的倾向性。而积极心理学拓展了人本主义心理学家长期感兴趣的许多类似问题，把那些难以量化和实证的研究对象与内容具体化，并进行实验或实证性的研究。

积极心理学和人本主义心理学虽然关注共同的研究主题，但是它们以不同的路径对人类的积极本性进行探究。积极心理学所关注的是在一个群体中所呈现出来的积极的感受及其特征，所以通过大样本的测量以及对这些测量数据的分析考察影响人们主观感受的因素，而人本心理学则关注每一个人的内心感受，因而对少量人所做的描述进行深入分析和探究成为他们主要方法。两种路径各有侧重，也各有自己适用的范围。随着这"两种积极心理学"对话的不断深入，进一步促进两者的健康发展和整个心理学领域的繁荣进步。正如Robbins所指出的，积极心理学运动无论出于什么原因或意图整合人本主义观点，对于人本主义心理学来说都是一件积极的事，因为它提供了一个新的机会来揭示人本主义心理学长期为心理学所作出的贡献。

3. 20世纪五六十年代西方的心理健康运动

不过就积极心理学的直接起源来看，它似乎和美国20世纪50年代末、60年代初出现的初级预防和增进健康两个心理健康运动的观点一脉相承。有人就曾形象地把早期的初级预防和增进健康这两个心理学运动称做是当代积极心理学的"嫡亲长兄"。初级预防和增进健康这两个心理学运动始于上世纪50年代末的美国，当时美国心理健康联合委员会为了在国内推动心理健康运动而推出了一套关于心理健康方面的系列丛书，其中心理学家贾霍达的《积极心理健康的当代理解》一书是这套丛书的第一本。艾沃特在这本书的前言里写道："行为主义科学家们已经加入到了心理健康运动的行列并正在为这一运动的发展作出重要的贡献，他们对心理学过分关注人类的'病态行为'感到不满。他们认为假如我们把兴趣放在心理的健康方面，就会有一个新的更宽阔的视野。心理的健康方面作为一种积极力量，在被我们理解的同时也在发挥着实际的作用。"贾霍达在此书里第一次在心理学界提出了"积极"的概念，并认为积极的心理健康要从六个方面来加以定义其性质。这六个方面是：①积极的自我态度；②全面的成长、发展和自我实现；③整合性种集中统合的心理功能；④自主发挥功能的能力；⑤对现实的准确认知；⑥能掌控自己周围的环境。

在谈到初级预防和增进健康等西方心理学运动对积极心理学的影响时，我们不得不提起心理学家霍力斯特，他也一直反对心理学过分关注消极的东西。他认为英语中有一个专门用来描述身体或心理感受到消极打击时的单词——trauma，但却没有一个专门用来描述身体和心理感受到积极体验时的单词，于是他就创造了一个新的英语单词——stren（stren 其实是 strength 的变形词），并以此来表示人的积极体验。从目前来看，stren 这个概念似乎很有用，stren 及 stren 的形成过程几乎就成了积极心理的研究核心。同样心理学家安东诺维斯基在 1979 年也指出，心理学研究中有关于描述病人"致病机理"的专门术语—pathogenesis，但却不存在描述健康人"健康机理"的专门术语。为此他也仿照霍力斯特的做法，在他的著作《健康、压力和应对》中创造了"健康机理（salutogenesis）一词。从某种程度上说，stren 和 salutogenesis 概念的出现可以被看作今天西方积极心理学运动产生的最直接先驱。

（三）积极心理学产生的哲学基础

1. 建构主义思想的启示

在 20 世纪 70 年代逐渐兴起的后现代哲学思想的影响下，心理学被要求拓展视野，直面人生，投身现实生活，心理学呈现研究视角多样化、研究方面多元化的趋势。于此同时，后现代哲学思想还要求心理学在现代背景下重新对人进行定位，确立价值、目的、意义在人的心理活动中的重要地位。

心理学汲取了现代思想，正在发生转变。建构主义作为后现代思想的一股重要学术思潮，也对心理学的发展产生了不可磨灭的影响。其中心理学家凯莉的《个人建构心理学》可以说是建构主义思想在心理学发展史上的一个里程碑。建构主义认为意义既不是来自客观世界所固有的本源，也不是来自主观的被认识的世界，而是来自社会共同体的一种主动建构，表现在：一、人类的"积极"与"消极"的意义在一定程度上也是一种建构；二、人类的"积极"和"消极"的意义是人类自身主动寻求的结果。因此，一个人建构的行为应对系统在很大程度上取决于他主动建构的结果，主动建构了积极就形成积极的应对系统，主动建构消极就形成消极的应对系统。积极心理学在汲取了现代思想后，也开始了自己的建构之旅——对积极人性观的建构、对人类积极品质的建构以及以积极组织系统的建构。

2. 中国儒道佛三家中的积极心理学思想

自从心理学独立以来，西方心理学所言之"心"从心灵、意识、行为到人性，一直在变化。而中国文化背景下所谈论的"心"，则更多的是指全身生活之和合会通处。徐复观认为，"心"文化是中国文化的基本特性。中国文化重视人的精神属性和心性超越，这便是人的"心"。心文化潜藏着儒道佛三家追求人格完善和精神超越的所有奥秘，它浓缩了东方哲学、生命科学和宗教精神的精髓，蕴含着东方的心理学思想。在中国的传统文化里，就存在着大量的对"心"的探讨，这其实就是对心理的考察。

作为中国传统文化的核心代表，儒、道、佛三家都致力于探索如何关爱人类以及如何促进人类的发展，这些探讨与积极心理学的主旨思想是一致的。虽然总体而言三家所追求的目标是一致的，但是其各自的思想又存在着一些差别。简单而言，儒家讲求"穷理尽性"，追求成为一个圣人，终而达于内圣外王；道家讲求"复真保性"，追求人格的独立，终而达成解脱束缚的自由境界；佛家讲求"明心见性"，追求永生境界，终而达成生命的有限解脱。可以说，儒家的人文关怀与价值信念、道家的理想人格与超越精神、佛家的菩提智慧与人生解脱都具有一定的积极意味，对儒、道、佛三家所表达的积极心理学思想进行梳理，有助于更好的为本土的积极心理学研究提供思路。

二、积极心理学的兴起与发展

塞利格曼是积极心理学运动的发起人和主要推动者。他早期曾是一位行为主义者。在20世纪六七十年代，塞利格曼因通过实验提出"习得性无助"概念而闻名。他在实验中发现，动物和人类身上普遍存在习得性无助现象，即当个体面临不可控的情境时，一旦认识到无论怎样努力都无法改变不可避免的消极结果时，个体便会产生放弃努力的消极认知和行为，表现出无助、无望和抑郁等消极情绪。

20世纪80年代末，塞利格曼转向习得性乐观的研究，开始关注如何更好地促进人类的天赋和品格优势的发展。1998年，塞利格曼担任美国心理学会主席后，竭力主张将心理学的研究重点从对病态心理的研究和治疗扩展到对人类幸福和美德的科学研究上，从而将积极心理学提到重要的位置。

积极心理学在诞生之初并没有明确的内涵，但是1998年的艾库玛尔会议可以被视为积极心理学兴起过程中的一座里程碑。在这次会议上，塞利格曼邀请了著名的心理学家西卡森特米哈伊、福勒等人到墨西哥的艾库玛尔共同商议积极心理学的内容、方法和基本结构等问题，并在这次会议上最终确定了积极心理学研究的三大内容，同时邀请专家对积极心理学涉及的哲学问题进行澄清和厘定。这次会议除了对积极心理学一些基本的理论问题进行了讨论外，还提出了许多推动积极心理学发展的具体措施。比如，成立积极心理学网站来宣传积极心理学的理论和思想；吸引年轻学者投入对积极心理学的研究中来；在普通民众和日常生活中提高积极心理学的影响与普及积极心理学；等等。

在艾库玛尔会议召开之后，积极心理学开始兴起。一方面，许多基金会在塞利格曼的影响下为积极心理学的研究提供大量资金，使积极心理学的发展得到了有力的物质支持；另一方面，1999年第一次积极心理学高峰会议在美国召开，使得积极心理学的几个重要问题和些相关概念得到了进一步明确。

2000年，塞利格曼以及其他心理学家在做了充分准备后，开始向世人公布他们的研究成果。在当年的世界著名心理学杂志《美国心理学家》上，塞利格曼以及当时一些最著名的心理学家共同发表了一个积极心理学研究专辑，包括15篇研究论文和1部专著《积极心理学导论》。在《积极心理学导论》中，塞利格曼具体介绍了积极心理学兴起的主要原因、主要研究内容和未来的发展方向等，而其他15篇研究论文则从积极心理学的主要内容出发，详细论述了积极心理学的研究成果。

积极心理学研究专辑的发表使得积极心理学开始为世人瞩目。在随后的2001年，《美国心理学家》杂志设立了一个积极心理学研究专栏，进一步介绍积极心理学研究的最新成果；美国的《人本主义心理学》杂志也出了一个积极心理学专辑，对积极心理学与人本主义心理学之间的关系进行了全方位的介绍和阐述。这些研究成果的发表使得积极心理学开始被世界关注。

2002年以后，专门研究积极心理学的著作开始大量出现。比如斯奈德和洛佩兹主编的《积极心理学手册》，塞利格曼所著的《真实的幸福》，塞利格曼和克里斯托弗·彼得森编著的《积极品质和美德：手册与分类》，利文所著的《佛教和瑜伽中的积极心理学》，等等。

积极心理学的繁荣发展使得积极心理学的理论体系逐渐完善。作为一门正式学科，积极心理学已经开始成为许多学校的课程。不仅有众多的高等院校开设了这门课程，甚至有的学校将这门课程列为重要的公共选修课，而且许多中小学也开设了这门课程。此外，大学的全日制积极心理学硕士专业和颁发的积极心理学资格证书也如雨后春笋般涌现出来，截至2010年6月底，世界上第一个专门培养积极心理学博士的学校也已经出现，那就是美国的兑莱蒙特研究生院，该项目的负责人西卡森特米哈伊也是积极心理学的创始人之积极心理学不仅在理论上有了极大发展，还在现实生活中发挥着重要作用。比如，与盖洛普基金会合作进行国家幸福度指数的民意调查；与麦肯锡咨询公司、爱立信通信公司合作，努力提高其员工的幸福感体验等。

如今，积极心理学在全世界范围内引起了广泛的反响，已经成为当今心理学界的一股重要力量。积极心理学不仅成立了自己的世界性组织——国际积极心理学会,还有自己的会刊——《积极心理学杂志》。而在2009年美国费城召开的首届国际积极心理学大会上,塞利格曼还提出了更为远大的目标:到2050年,要把关注"积极人生"的世界人口由目前的10%~15%提高到50%以上,也就是说,要让全世界超过一半的民众学会用积极的目光看待自己的生活和工作。

三、积极心理学在未来的发展

经过几十年的发展,积极心理学已经建立了基本的理论结构框架,发展成为一门专业的学科,并在世界上产生了重要的影响。但是,积极心理学的发展才刚刚开始,它还有很长的一段路要走。对于积极心理学未来的发展方向,塞利格曼在2009年的一个采访中指出,积极心理学未来的发展应以为社会发展做贡献为核心,要致力于把各种积极心理学研究成果应用于人类生活的各个领域,具体来说,应该注重以下四个发展方向。

第一,积极的生理健康。在之前的研究中,心理学家一直对积极的心理健康关注得比较多,但是,积极的生理健康也是积极心理学不可或缺的组成部分。个体不仅要关注那些有问题的生理指标,对于良好的生理指标也要给予关注,以使人们获得更多的生理健康,提升人们的积极心态。

第二,积极神经科学。现在的许多积极心理学家以研究人的心理层面上的积极变化为主,而缺乏对其机理的深入了解。在未来的发展中,应该将神经科学引入积极心理学研究中,揭示人的神经机理在积极心理中是如何发生作用的。

第三,积极社会科学。未来的积极心理学要和社会科学紧密结合在一起。社会科学的本质在于寻求使人类社会变得更加生气勃勃的客观规律,使个体生活更加幸福,并能掌握自己的命运。而这与积极心理学的核心内容是一脉相承的。积极社会科学正是一种以探寻人的心理和生理幸福为核心的新学科,使社会科学和积极心理学的结合有了特别的价值意义。

第四,积极教育。积极心理学的发展离不开教育的作用。在未来的发展中,积极教育会是积极心理学的一个重要方面。积极教育强调寻找并研究学生的各种积极力量,并在实践中对这些积极力量进行扩大和培育。积极教育不仅能够提升学生的积极品质,达到自我完善,实现积极心理学的要求;还在一定程度上纠正和扩大了教育的目的与作用,使教育实现促进每个个体、家庭和整个社会都变得富有生机与幸福的目的。

总而言之,积极心理学与传统心理学一样对人们的生活有着很大的影响,对于激发人们潜在的积极心理,提升人们的幸福感有着很大的意义,在未来积极心理学的研究范围会进一步拓展,同时研究水平也会有所提高,逐渐会应用于人们的日常生活,为人们的幸福和社会的和谐做贡献。

第三节　积极心理学的主要内容及特征

积极心理学是心理学的一门新领域,其重点关注那些可以提升生命价值的事件。每个人的一生都会有巅峰和低谷,而积极心理学并不否认低谷。虽然与其他心理学分支相比,积极心理学把挫折看得更加微小,但是也承认挫折的重要性:生命中美好的一面与糟糕的一面同等重要,因此需要得到心理学界同等程度的重视。

一、积极心理学的基本内容

积极心理学是心理学的一门新领域,其重点关注那些可以提升生命价值的事件。每个人的一生都会有巅峰和低谷,而积极心理学并不否认低谷。虽然与其他心理学分支相比,积极心理学把挫折看得更加微小,但是也承认挫折的重要性:生命中美好的一面与糟糕的一面同等重要,因此需要得到心理学界同等程度的重视。积极心理学认为生活的核心并不只是避免麻烦、防止困扰,而应更加关注人生中那些风景美好的一面。积极心理学所研究的是那些发生在生活正常轨道上的事件。其基本内容包括三方面:积极的情感体验,积极人格,积极的社会组织系统。

(一)积极的情感体验

积极情感体验即人们体验到的积极情绪,如高兴、感兴趣、机敏等的惯常程度。幸福是人们共同关注的话题,正如2012年中央电视台发起的调查:"你幸福吗?你觉得怎样才算幸福?等",因而幸福也是积极心理学关注的课题。幸福是一种主观精神层面的情绪体验———一种称心如意的主观体验。《独立宣言》中宣称:所有人都有权享受生活,享受自由,以及追求幸福。我们告诉我们的孩子、朋友和我们自己,人生最重要的莫过于对自己所做出的选择和所走过的路感到满意。幸福被哲学家们称为没有理由的理由,也是不需要理由的理由积极心理学就是以研究人的主观幸福感为中心,继发研究人对过去,对现在,对将来的感受。人的一生中肯定会遇到不少坎坷,遭受许多挫折,有的人会被压力击垮,从此一蹶不振。然而人生所追求的是幸福,是在坎坷中寻找前进的动力,既然我们的体验可以主观选择，我们何不选择乐观的生活，汲取不幸中的经验，收获积极的幸福体验。

（二）积极的人格

积极心理学对人格的研究主要在个体水平上，人格理论发展得还不够完善，并没有形成一定的理论体系，从已有的研究来看，积极心理学研究人格的主要目的是唤起人类对积极力量的关注，从而形成积极的人生态度，也就是积极的人格观。积极心理学对人格的研究主要集中于以下三方面：

1. 提倡研究积极人格特质

积极心理学对人格的研究也集中于对人格特质的研究。从以往的人格特质理论的本质来看，个人的特质分两方面：一个是消极面，包括压抑、侵犯、恐惧、生气悲伤、贪婪、自私、说谎等等；另一个是积极面，包括幸福、快乐、乐观、积极、自信、忠贞、慷慨、仁慈、平和等等。积极心理学认为以往的人格特质研究过分关注问题消极面，对良好的人格积极面却一无所知，积极心理学倡导关注人内心深处的积极面，这样才能使问题得到真正的消除和抑制，才能使人实现自我完善。

2. 强调人格形成过程中各因素的交互作用

积极心理学认可人的生理机制对人格的影响，但是认为生理机制的影响并不能决定人的人格特质，其与外在环境和个人行为息息相关。也就是说，"人不是按照由基因图谱规定的固定路径来发展自己的，人格主要是在人与社会文化环境的交互作用所形成的一个复杂的因果活动过程中得到发展，内在因素、外部行为社会文化环境三者是交互作用的。"正如世界上没有两片完全相同的树叶，也没有两片完全不同的树叶一样。

3. 强调人的能力及潜力在人格形成过程中的作用

在人类发展过程中，人的基因与人的某些行为功能早已发展成为一种受控制的能力。因而我们必须重视人的能力与潜力在人格形成过程中的作用以及人的主动性的作用。人格的形成受生理机制、外部行为和社会文化三者交互作用，及人格的形成是个体主动建构的过程。要想使人的人格变得积极可以通过改变外部行为和社会文化环境，而人在人格构建的过程中又具有主动性，因而我们又可以发动积极的主动的行为能力，对主观体验、行为方式和外部环境施加影响，从而建构积极的人格。

(三) 积极的社会组织系统

积极的社会组织系统是一种积极的人际交往系统，是积极心理品质形成的社会支持力量。积极的社会组织系统主要包括：宏观的组织系统(如民主的国家制度、舆论自由等)、中观的组织系统(如人性化的单位管理规章等)、微观的组织系统(如牢固的家庭关系等)三个方面。提出这些系统的建立都要有利于培育和发展人的积极力量和积极品质，也就是说，这些系统的建立要以人的主观幸福感为出发点和归宿。其主要内容主要是确定社会、家庭、学校、单位等怎样才有利于一个人形成积极的人格，并产生积极情感体验。这个层面主要研究对象是造就人类幸福的环境条件及影响天才发展、创造力得以体现、培养、发挥的环境因素。

积极的社会组织系统对个人健康成长的重要意义是心理学家们非常关注的一个领域。积极心理学之中也将主要的研究方向集中在社会文化背景方面，认为社会文化背景同心理素质、人格特质、创造水平、情感态度以及心理治疗有着密切关系。一个积极的组织体系包含有积极的子系统，其中积极的小系统涵盖着稳定的社区关系、高度负责的社交媒体、良好的家庭环境以及教育水平较高的学校；而积极的大系统则包含有民众具有的责任意识、道德水平等。

另外，积极心理学还探究了产生天才的外部条件、创造水平发展同人们幸福生活指数的关系。塞利格曼经过长期校园纵向研究发现，在学校开展幸福教育能够有效降低学生抑郁，提高幸福感；在家庭方面，他指出亲密关系具有重要作用它能让家庭成员体验到幸福。

二、几种重要的积极品质

从积极心理学这几年的主要研究成果来看，积极心理学的研究重心似乎还仅限于有限的几种，如主观幸福感、乐观和希望等（当然这肯定不是当代积极心理学的全部研究，这里所讨论的这三个方面是当代积极心理学研究相对比较成熟的三个方面）。这主要是因为：一方面，相对于其他大多数积极品质来说，有些积极品质的研究有着较扎实的研究传统，如主观幸福感等；另一方面，积极心理学也想集中主要精力，希望通过做出一些有效的研究成果来吸引更多的研究者参与积极心理学研究。这里试就积极心理学研究相对比较成熟的三种积极品质作具体论述。

(一) 主观幸福感

目前积极情绪领域研究较多的是主观幸福感，主观幸福感（subjective well-being，简称 SWB），指个体依据自己设定的标准对其生活的看法和主观感受，是一种多维度的个性心理特征。SWB 有三个基本特点：主观性，评估的标准是个体自己设定而非他人的标准；稳定性，是对长期而非短期生活质量的评判，因而是相对稳定的；整体性，是对情感和认知的一种综合评价。SWB 包括生活满意度和情感体验两个基本成分，前者是个体对其生活总体质量的认知评价，即个人对其总体生活满意程度做出的判断和对重要生活领域（如工作、婚姻、学习、健康、人际关系等）满意程度的判断；后者是个体生活中的情感体验，包括积极情感（快乐、愉悦、轻松等）和消极情感（抑郁、焦虑、紧张等）两方面。

幸福是个古老的话题，伊壁鸠鲁（Epicurus，古希腊后期原子论心理学思想的主要代表）的伦理学说就认为快乐是生活的目的，是天生的最高的善，我们的一切取舍都应从快乐出发，我们的最终目标乃是得到快乐。关于 SWB 的科学研究最早可以追溯到 20 世纪 60 年代，当时威尔森（W.Wilson）发表了第一篇关于幸福感研究的文章——《自称幸福的相关因素》。该文提出了 SWB 个体差异的二个理论假设：①如果需要能够及时得到满足，将产生快乐；如果需要总是得不到满足，将导致不快；②个人的期望水平决定了需要满足到何种程度能够带来快乐，过去的经验、与他人的比较、价值观等其他因素对此都有影响。在此观点的影响下，早期的一些 SWB 理论构建就比较关注那些能够使生活产生满意感的外部条件，如事件、情境、各种人口统计学方面的因素等。但后来随着研究的进一步地深入，研究者们发现，外部因素（如性别、健康、收入、教育背景、智力水平等）只能在一定范围内部分地影响个体的 SWB，还有更多、更稳定的一些其他因素在影响着 SWB。目前，SWB 的研究已越来越引起众多心理学研究者的兴趣，最近十年的相关文献甚至已经达到了上千篇。这些研究涉及生活事件、遗传、人格特质、文化、财富、健康、人口统计学变量、信仰、社会支持等多个因素概括。

（二）乐观

乐观是另一种重要的积极情绪，是个体面向未来的一种积极体验。社会学和人类学家泰尔格（L.Tiger）认为，"当评价者把某种社会性的未来或物质性的未来期望视为社会上所需要的、是对他有利的或能为他带来快乐时，那么与这种期望相关联的心境或态度就是乐观。"从这个定义中，可以发现乐观至少具有两个主要特征：首先，乐观是人的一种主观心境或态度，这种心境和态度与一个人的期望紧密相关联。同样的一件客观事实，不同的人由于期望不同，对其就会有不同的认知和评价。不同的认知和评价会使人产生与评价价值相对应的态度或心境，如果评价为对自己有利就产生乐观，反之则产生悲观。其次，乐观不是针对现在或过去，而是指向未来的，通常是建立在假设基础上的推测而产生的。因而乐观既是一种认知判断的结果，更是一种主观愿望的结果，不过这种建立在愿望基础之上的结果却会实实在在地影响着人们现在和今后一段时间内的行为。

人类早期对乐观的阐述可以追溯到18世纪初的莱布尼茨（G.W.Leibniz）。他当时把乐观界定为是一种天然的理性范畴的认知方式——即使美好善良有时会伴随着一定的痛苦，但最终必然会战胜邪恶。悲观概念的出现要比乐观概念晚了近一个世纪。这个概念最早是由德国哲学家叔本华（A.Schopenhauer）和英国著名诗人柯尔律治（S.T.Coleridge）系统提出的，特别是叔本华的悲观人生理论对悲观做了深刻的诠释。叔本华否认人具有理性的本质，认为人的意志和欲望是人的本质。他把悲观看作是人类固有的实体，是一种痛苦必然战胜幸福的实在物，而乐观则是悲观的暂时中断，这就导致他悲观的人生。所以从乐观和悲观这两个词的产生来看，它们最初并不是相对应的，前者是指以思维为核心的一种认知方式，后者则是情感、意志的一种指代物。

到了20世纪六七十年代以后，由于认知心理学的兴起，一些心理学家们发现，人们并不是严格按照现实的实际情况来进行思想和采取行动，而是以一种天生乐观的心态来思想和行动。如人们在和别人交流或是一个人独自写作时，通常使用积极的词汇比用消极的词汇更多；大多数人在评价自己时，一定比评价别人时使用更多的积极词汇；在自由联想实验中，人们记得更多的是一些美好的事件，而且对这些美好事件的回忆时间也相对更长。从已经做过的一些心理学调查来看，大部分人的得分都会高于理论上的平均分。这一现象表明：每一个人在认知的各个方面——如记忆、想象等都似乎是在平均数以上，而事实上这是不可能的。因此这只有一种解释，那就是心理健康的人都具有一种乐观的天然倾向。

（三）希望

不论是作为相对稳定的个人心理特质，还是作为暂时的思想状态，希望一直是哲学、宗教等人文学科讨论和关注的焦点。基督教的传统强调：希望是和信仰、仁慈并列的美德。另一些哲学家则认为，希望是虚幻的表象。培根说：希望是美妙的早餐，却是糟糕的晚餐。中国也有类似的谚语：希望越多，失望越多。随着积极心理学研究思潮的兴起，希望开始逐步进入科学心理学的研究视野。尤其以施耐德等人为首的希望研究取得了丰硕成果，对教育、医学尤其是心理健康教育和心理咨询领域产生了重要影响。

施耐德的希望理论认为，希望是反映个体对自身实现目标能力的认识和感知。这包括三方面的含义：清晰定义的目标，目标是希望的核心成分，是心理行为的端点；形成达到目标的明确策略（路径思维），这是通向期望目标的路线，对于达成目标和克服困难是必要的；开启并持续实施这些策略的动机（动力思维）。目标、路径思维和动力思维是希望的三大要素。路径和动力是必须的，但任何一种都不足以支撑成功地追求目标。在实现目标的过程中，路径思维和动力思维是互惠的，相互加强，呈正相关，对目标的达成产生重要的影响。

人类天生拥有希望，但拥有的希望水平，个体之间是千差万别的。研究显示，具有高希望水平的儿童、青少年和成人在学校、运动和工作中表现得更好、更健康，具有更好的解决问题的技能，更好的心理调节能力。通过对个体希望的强化，希望的感觉会帮助个体制定更有利于实现目标的决策。

三、积极心理学的主要特征

（一）倡导积极的取向

积极心理学这一门学科就是研究人的积极品质，发掘人美好品德，积极正向能量的学科。它的关注点不在是传统心理学中关注人的疾病和人的心理问题，而是转向关注人的积极品质，积极力量，将研究人类积极品质的内容整合起来，它倡导人要用积极的心态去面对生活中发生的许多心理现象，也是对心理问题的一种重新解读。这样更能够激发以及发掘人身上固有的积极品质和力量，使人们能够感受到生活中属于自己的幸福。

积极心理学关注正向的目标，与消极心理学不是对立的关系，是在此基础上倡导积极的方向，认为人们面对问题的时候要用积极的心态去解决，同时注重培养人们积极的生活。

（二）致力于实现价值的回归

积极心理学致力于将人的积极力量和积极品质激发出来，同时也更加关注人在社会中的生存和发展。强调人在社会中自身存在的价值，积极心理学不再是传统意义上的过多的关注人的消极层面，而是关注人的正向层面，关注其自身的存在价值，心理学也因为体现人文主义关怀而实现了一种回归。积极心理学的特征就是让心理学回到了原有的价值上，心理学曾经一度出现价值的偏差，积极心理学的提出使得心理学能够更好的在价值轨道上运行。

（三）坚持科学实证精神

积极心理学是在传统心理学这一完善的学科体系上建立起来了，它秉承着科实证的精神，它继承了主流心理学的因素，继承了主流心理学的一些研究方法，如试验方法、评估方法、干预手段和结果检验等研究方法。

在西方积极心理学研究者的研究中，提出了很多积极的手段，积极人格品质的测量表，都秉承着科学的方法进行实证的探究。所以积极心理学这一学科可以更好地发展下去。

第四节 积极心理学的功能、目标及意义

传统的心理学研究通常是对人的负面情绪进行研究，即研究人类心理当中较为消极的部分，然后通过对这些因素的了解来治疗人类的心理疾病，解决心理问题。但其实现实中许多没有心理疾病的人也很缺乏幸福感，传统心理学的研究对于这一部分是比较缺失的。积极心理学研究改变了这一现状，其通过研究人内在的一些积极因素，通过对这些因素的激发和应用，来改变人们对生活的认知，提升幸福感和生活品质。积极心理学的意义在于其在原有的基础上拓展了心理学的研究对象、延伸了心理学的研究方法、更新了心理学的研究目标、促进了对健康心态的认识，因此积极心理学的研究在当今的心理学中有着十分重要的意义。

一、积极心理学的主要功能

（一）积极增进

积极增进，就是让人们更好地体验生活，对以往的传统心理学予以纠正。增进人们对幸福、自信、乐观这些积极品质的追求。塞利格曼提出"如果心理学家希望改善人类的状况，单单只帮助有心理问题的少数人是不够的。多数的普通人同样也需要关注和鼓励，让人们都过上满意的生活。这就是为什么研究者们如威廉·詹姆斯、卡尔·荣格和亚伯拉罕·马斯洛等人对探索精神的极度兴奋娱乐、创造力以及高峰体验感兴趣的原因。当这些兴趣被医疗化和物理学羡慕所掩蔽时，心理学家忽略了其议程中的一个基本的组成部分。积极心理学要对这种忽略予以纠正，让普通人也过上令人满意的生活成为心理学的研究议程，这就是积极心理学的积极增进功能。

（二）积极预防

积极预防是积极心理学的第二大功能预防积极心理学研究的主题。也是他与传统心理学不同的一大特点。塞利格曼指出多数的心理学家将研究的重心集中在治疗上，帮助那些少数的有心理问题的人。但是，"在我看来，治疗通常太晚了如果在人们状况好的时候采取行动，就会省去大量的眼泪。"他认为，心理疾病是可以预防的，而干预作为积极心理学的研究重点是预防心理疾病的有效手段积极心理学发现，积极品质和人格力量，例如勇气、人际关系技巧、理性、洞察力、乐观、诚实等都具有着缓解心理疾病的作用。通过发现和增强人们身上的这些积极的人格力量，能够有效地对心理疾病进行预防。

塞利格曼的研究显示，在对儿童和成年人进行乐观训练中，使得儿童和成年人的焦虑及抑郁在接下来的两年中的发生比例降低50%，对10岁的儿童进行积极思考和行动的训练后，也使得他们在青春期的发生抑郁的比例降低50%。塞利格曼进而指出："与此相类似，我相信，如果我们希望预防那些成长在危险地区的青少年吸毒，那么，有效的预防之道不是治疗，而是识别和增强已有的人格力量。那些心系未来，善于交往能从运动中获得安适的青少年，就不会有吸毒的危险。如果我们希望预防一个由于遗传因素而存在危险的青年人罹患精神分裂症，我认为，修补损坏将无济于事反之，我认为，如果他掌握了人际交往的技巧，具备强烈的工作道德，学会在逆境中坚忍不拔，那么，他会降低罹患精神分裂症的风险。"

（三）积极治疗

塞利格曼认为在心理治疗中，除了少数应用特殊的技术支持外，还有一些非特殊因素改善了心理治疗的效果。他将这些非特殊因素分为两类，策略以及深度策略。策略是治疗中常用的技巧，如注意、亲善、信任、真诚、权威人物、服务收费和职业技巧等。而深度策略，在塞利格曼眼中也没有那么复杂，好的治疗者都会用到它，但是他们没有被深入的研究，被束缚于疾病模式治疗这个怪圈中众多深度策略中，他更关注对人们心理疾病具有缓解作用的人格力量。主要包括勇气、人际关系技巧、理性、洞察力、乐观、诚实、坚韧、现实主义、快乐能力爱心、对生活充满希望等。在心理治疗中帮助病人增加这些积极的人格力量有助于对疾病的治疗，它所发挥的功效比至今为止发现的治疗方法都有效，由此可以看出积极心理学对心理治疗具有积极的作用。

二、积极心理学的目标

根据塞利格曼和契克森米哈赖的看法，积极心理学的目标包括三个方面：帮助个体发现存在的乐趣；帮助社会建设可持续发展的社会契约；帮助人类实现对人性更深刻的理解。

（一）帮助个体发现存在的乐趣

存在的乐趣分为三个层次：舒适的生活、发挥潜能的生活和有意义的生活。在第一个层次上，人们追求的是避免劳苦，增加闲暇，减少痛苦，增加欢乐，寻求金钱、地位、舒适和刺激。在第二个层次上，人们追求的是通过迎接挑战和克服困难，不断锻炼自身能力，发展优势特长，满足个人兴趣，增强灵活性和适应性，发展出高度的心理复杂性。在第三个层次上，人们追求的是超越自我利益，关注他人福祉，融入更宏大的社会体系之中，作出自己的贡献。

积极心理学关心如何最大限度地提高个人心理复杂性，实现其潜能发展，使个人更好地适应自然和社会。积极心理学旨在帮助人们发现存在的乐趣并逐渐提升追求幸福的层次。正如柏拉图所说："人生并非不要快乐，而是要学会从正确的事情中找寻快乐。"

（二）帮助社会建设可持续发展的社会契约

在宏观的社会制度层面，零和游戏[①]中的竞争模型更多地鼓励自私，而双赢模型（例如A公司通过为B公司搭建赚钱平台而赚钱，或者一个人通过缓解另一个人的烦恼而感受到自己存在的意义）则更多地鼓励合作和关爱。积极心理学关注如何才能设计出有利于成员之间更多双赢关系的社会契约。

在微观的组织制度层面，员工的辛劳工作不应仅仅为了赚取赖以谋生的薪资，还需要从工作中获得尊重、自豪感、关爱和乐趣以及意义感。积极心理学需要回答，什么样的集体环境更有利于实现这些目标。

（三）帮助人类实现对人性更深刻的理解

人是什么？人类向何处去？这些都是关于人的可能性的基本问题。

在积极心理学看来，人性不只是一种规定性，更是一种可能性。那么，人可能成为什么？如何创造更完善、更繁荣的人性发展条件呢？

人性的演化受基因和社会环境的双重束缚。

[①] 零和游戏是指参与博弈的各方在严格竞争中，一方的收益必然意味着另一方的损失，博弈各方的收益和损失相加总和永远为"零"，例如赌博等。

生物层面的基因操纵人性的表达。基因的终极目标是最大数量的自我复制。为实现此目标，基因可以完全不顾及承载者的整体福祉。例如，一个15岁女孩由于一段浪漫关系而成为未婚妈妈，这可能破坏了她个人原来的生涯规划，但却符合基因自我复制的利益；一个想要减肥的人因难以抵抗食物的诱惑变得越来越胖，这虽然破坏了减肥计划，却有利于基因的自我复制。

文化层面的社会环境潜移默化地塑造着人性。社会环境更多地鼓励个体投身于有利于集体利益增长的事业，而不在乎个体的压力与焦虑。例如，一个在成功学文化熏陶下成长起来的年轻人，可能会为了车贷、房贷、彩礼以及面子、排场等而疲于奔命。这虽然有利于经济增长，却有损个人舒适。

契克森米哈赖主张，个体应该用警惕的、审视的态度对待基因和社会环境的双重束缚，追寻更自由的人性发展路径。积极心理学关注的是，如何摆脱基因和社会环境的双重束缚，为人性发展的可能性提供更好的指引，使人性向更美好、更完善、更繁荣的境界演化。

三、积极心理学的意义

积极心理学是对传统心理学的一种延伸，也是一种颠覆，它将研究范围扩展到了人性中积极的一面，不再仅仅是针对悲观消极因素的研究，同时也改变了人们传统中心理疾病只与消极因素有关的认知，是人类心理学研究中一项重大的突破，有着极为深远的意义。

（一）扩展了心理学的研究对象

在过去的近一个世纪中，起主导作用的是悲观主义人性观所决定的消极心理学研究模式，在第二次世界大战之后心理学家更是专注于消极心理的研究，试图排解战争带给人们心理上的重大伤害。但是这种消极的心理学偏离了心理学的主要使命，没有办法让人们生活得更有意义和更加幸福。积极心理学的研究改变了这一现状，它打破了人们对传统心理学的认知，积极心理学是对人们内在的积极心态进行的研究，人的心理中有一部分互相冲突的部分，会导致心理问题，但是同时也有自我愈合的能力，通过积极的因素来进行修补，自我治疗和预防。因此，积极心理学致力于对人的积极情绪、创造力等问题进行研究，并通过这些因素的激发预防心理疾病的发生，带给人们幸福和满足。

（二）发展了心理学的研究方法

积极心理学在研究方法上与西方主流心理学的研究方法相关，是依托在这些心理学研究基础上进行发现、讨论和研究的，带给了传统心理学新的研究方式。同时，积极心理学也借鉴了人文心理学的研究方法，学习和继承了质化研究的一些优势和长处，吸收了这些研究中的一些优点，同时也不断地改进和创新，生成一些新的研究方式，对心理学的研究不断地进行完善。并且突出人文精神与科学技术的统一，将更加先进的技术应用于心理学的研究当中，让心理学的研究方式更上一层，使整个心理学研究领域变得更宽容，更有利于心理学的研究。

（三）改变了心理学的研究目标

以往的心理学研究其目的在于治疗心理疾病，使人们从消极、悲观的态度中抽离出来，恢复正常的心态，是一种医学性质的研究。积极心理学的目的是通过对人们生活中积极因素的研究，来恰当地引导这些因素，给人们带来更大的幸福。可以说积极心理学的研究是走在传统心理学之前的，是一种更加主动的研究内容。在生活中，许多没有心理疾病的人也不见得生活多么如意，因此心理学的目的并不仅仅是消除心理疾病，而应该在心理问题没有发生之前通过这些积极因素的引导，进行心理问题的防治，并给人们的生活带来更加积极的心态和信念，从而提升人们对生活的信心，增强幸福的感知度，保障人们的生活品质，促进社会的和谐，让普通人能在没有问题的基础上享受生活的美好。

总的来说，在以往的心理学研究中，心理学研究人员重要是对消极的心理因素进行研究，通过发现人们内在含有的消极因素，帮助患者解决心理问题是长期以来心理学领域的共识。积极心理学打破了传统的心理学研究方式和研究对象，积极心理学是通过对人们内在的积极心理因素的研究，通过良好的运用这些积极因素让人们获得更高的幸福感，从而促进人们精神生活水平的提高，保障社会的和谐。相较于传统的心理学研究，积极心理学的发展时间还比较短，在未来还有很长的发展之路要走，积极心理学研究对个人、对社会都有着较为深远的意义。

（四）完善了心理学的功能

对于积极心理学是不是一场真正的心理学的革命尚无定论，但积极心理学对当代心理学功能的完善却是不争的事实，体现在以下两个方面：

1. 正向的心理评估与测量实现对人的全面理解

评估和测量是心理学重要的功能之一，积极心理学的兴起使得心理学的评估和测量更加全面、更加准确。心理学在过去的很长一段时间里是按照《精神障碍诊断与统计手册》的标准来进行评估和测量的，这使得心理学的评估和测量片面化，只对问题进了评估和测量，但是对人类积极的方面没有任何评估和测量，这样勾画出的人的形象以及进一步的相关对策是不精确、不全面的。积极心理学提供的是正向的心理评估与测量技术与标准，因此，积极心理学的出现可以做到对人的全面理解，从而实现心理学功能的完善。

2. 积极心理或行为干预体现真正的健康关怀理念

问题消除不等同于健康，更不意味着是一个得以发展的人。人的发展主要是依靠自身具有的积极的积累而不仅仅是问题的消除。积极干预是通过增强人的积极力量或积极品质来实现问题的消解以及对健康心理的维护。积极干预不仅帮助人们消除了问题，同时还开发出人类自身的积极品质，为人类种下积极的疫苗。

（五）重构了心理学的教学内容

在传统的消极心理学的影响下，高校心理健康教育的重点内容是发现、预防和治疗大学生的心理问题，并通过对具体问题的探讨来寻求预防和治疗心理问题的方法与途径。换而言之，心理健康教育课程内容更多关注的是消极的心理问题，这些现象体现在目前多数大学生心理健康教育教材内容体系中，有些大学生由于受身边同学的心理问题的暗示、感染或影响，在某种程度上把心理问题放大、甚至加以扩散，甚至产生不利的影响。积极心理学认为，积极人格是一种乐观型解释风格，是以积极的心态解读生活中的各种现象，会把困难和失败看作是外部的、暂时的，而把成长与成功看作是个体内部的、长期的现象，善于看到事物的积极方面。积极心理学视角下的学校心理健康教育，主张转变传统的消极心理学观念，重构心理健康教育的教学内容，改革教育教学课程体系，重视培育大学生积极的心理品质，凸显积极的人格特质在教学内容中的核心地位，注重培养大学生的希望、乐观、勇气、智慧、爱、美德等积极的人格特质，引导学生产生更多的积极情绪体验，促进他们拥有更加幸福的人生。

（六）完善了心理学的教育体系

以问题为中心的传统的消极心理学，侧重于课堂讲授，主要关注学校心理健康教育对学生所起的教育作用。而积极心理学则认为，每一个个体的成长必然受社会大环境的综合影响，大学生积极的人格培育离不开优良的社会支持系统。人格是个体以积极的情绪体验为中介，在一定的生理机制作用下，将外在的生活体验内化为个体稳定的心理活动的结果。因此，积极心理学视角下的心理健康教育，除了通过学校课程教育作用外，还需要构建积极的外部环境，要充分利用社会、学校、家庭等组织系统的力量、需要全员、全过程、全方位地培育学生的积极人格。广大学生在接受所有的课程教育中，除了接受知识、学习技能、训练能力、提高思想境界、形成价值观之外，还要从中收获积极的情绪体验、感受积极的反馈方式，激发内在积极的潜能，积蓄个体积极的力量，形成个体持久的发展动力。

总而言之，借鉴积极心理学的研究视角，大学生心理健康教育的最突出特点应坚持从积极的视角出发，用积极的态度塑造积极的人生。可以从教学目标、教学内容、教学方法、教育体系等多个角度进行完善大学生心理健康教育，可以从关注问题学生的教育到重视全体学生的培养，从关注消极心理问题到重视学生积极人格的培育，从关注理论知识传授到重视积极情绪体验，从关注学校教育到重视构建完善的社会支持系统等全方位地构建大学生心理健康教育课程体系，促进大学生身心健康成长。

第二章 大学生心理健康教育

当今世界科技飞速发展，竞争日趋激烈。大学生身处纷繁复杂的社会环境之中，一方面要应对不断增加的学习和择业压力；另一方面还要抵御来自内心深处的心理冲突和外界的各种诱惑，他们迫切需要学习和掌握一些心理调适的方法，以提高自己的心理健康水平，应对未来社会的各种挑战。

第一节 心理健康与心理健康教育

一、心理健康概述

（一）心理健康的起源与发展

心理健康这个概念来源于西方。心理健康作为精神医学的专门学科，是近代社会的产物。

现代心理卫生运动的创立与发展起源于美国。1908年5月，美国的比尔斯成立了康涅狄格州心理卫生协会。它标志着心理卫生运动的开始以及心理健康研究的独立化与专门化。

此后，加拿大、法国、瑞士、日本等多个国家先后成立了国家级的心理卫生协会。1960年被世界卫生组织和世界心理健康联合会宣布为"世界心理健康年"。

在亚洲，日本于1900年颁布了有关精神病人保护方面的法律，开始了探索心理健康运动发展的历程。有关大学生心理健康教育的工作在一些发达国家开展得比较早，美国的大学生心理咨询工作开始于20世纪40年代前后。

（二）心理健康的内涵

心理的含义是什么？什么是健康？怎样才算心理健康？如何保持心理健康？

这些问题已经成为每一个大学生必须面对的时代课题。

1. *心理的含义*

什么是心理？这是一个既简单又复杂、既古老又新鲜的话题。心理是指感觉、知觉、记忆、思维、意志、性格、意识倾向等心理现象的总称。人的心理并不是虚无缥缈、神秘莫测的东西，人们每时每刻都在体验着、经历着，只要处在清醒状态下，就会感到它的存在。但人的心理现象又是丰富多彩、错综复杂的，它看不见摸不着，很难把握和控制。为了了解人类自身的心理世界，探索其发展、变化的规律，也为了研究的方便，心理学把人的复杂多样的心理现象划分成相互联系的两大方面：心理过程和人格心理特征。

（1）心理过程

心理过程是人的心理活动发生、发展的过程。具体地说，是指在客观事物的作用下，在一定时间内大脑反映客观现实的过程。根据心理过程的性质和形态的不同，可将其分成认识过程、情感过程和意志过程。

①认识过程。认识过程是人在认识事物时产生的心理活动，包括感觉、知觉、记忆、想象和思维。感觉是人脑对直接作用于感觉器官的事物的个别属性的反映；知觉是对作用于感觉器官的事物的整体反映；记忆是经历过的事物在人脑中的反映；想象是在原有感性形象的基础上创造新形象的心理过程；思维是人脑对客观事物本质属性及其规律的间接、概括的反映。

②情感过程。情感过程是人对客观事物是否符合自己的需要所产生的一种态度体验。人们在认识客观世界时，并不是无动于衷的，总是要伴有一定的态度体验，或喜或悲，或欢欣跳跃，或忧愁悲伤，这些都是情感（或情绪）的实际表现。

③意志过程。意志过程是人自觉地确定目的并克服困难去实现目的的心理过程。人不仅能够认识世界，而且能够改造世界，但是在这个过程中会遇到许多困难和挫折，克服这些困难和挫折主要取决于人的意志过程。

心理过程的三种形式并不是彼此孤立的，而是一个相互联系、相互制约的整体。认识是情感和意志产生的前提，情感和意志随着认识活动的变化而变化；反过来，人的情感和意志也影响认识过程，对人的认识起着动力的作用。

（2）人格心理特征

人格心理特征是一个人身上经常表现出来的本质的、稳定的心理特点。它包括能力、气质和性格。

能力是直接影响活动效率、保证活动顺利完成的人格心理特征。能力总是和活动联系在一起,反映了个体具有完成某种活动的潜在可能性。

气质是一个人与生俱来的心理活动的动力特征,反映了个体心理活动的动力特征。

性格是一个人对现实的稳定态度和习惯化的行为方式,反映了个体对现实的态度和行为特征。

能力、气质和性格之间也是彼此联系、相互影响的,它们反映了人格心理特征的不同侧面。

心理过程和人格心理特征构成了人的心理现象的两大方面,两者是紧密联系、不可分割的。人格心理特征需要通过心理过程形成并表现出来,已经形成的人格心理特征又制约着心理过程的进行,因为没有客观现实的意志行动,人格心理特征就无法形成;反之,人格心理特征的差异又决定着对事物的认识程度、情感体验的深度和意志行动和强度。所以,人的心理是一个完整的统一体。

2.健康的含义及标准

健康是人类生存与发展的基本要求之一,也是每一个大学生成长、成才的基础。传统观点认为,健康是指人体生理机能正常,没有缺陷和疾病,即奉行"无病就是健康"的理念。随着现代科学技术的进步和现代医学的发展,大量的医学实践表明:越来越多的疾病并不是由纯粹的生理因素造成的,而是有一定的心理因素的影响。

联合国世界卫生组织于1946年曾把健康定义为"健康是一种生理、心理与社会适应都臻于完满的状态,而不仅是没有疾病或虚弱"。1989年世界卫生组织对健康做了新的定义,即"健康不仅是没有疾病,而且包括躯体健康、心理健康、社会适应良好和道德健康"。这一新概念强调生理健康是基础,心理健康、良好的社会适应能力和道德健康是整体健康的统帅。

世界卫生组织还具体提出了健康的十条标准,即:①精力充沛,能从容不迫地应付日常生活和工作。②处事乐观,态度积极,乐于承担任务,不挑剔。③善于休息,睡眠良好。④应变能力强,能适应各种环境变化。⑤对一般感冒和传染病有一定的抵抗力。⑥体重适当,体态均匀,身体各部位比例协调。⑦眼睛明亮,反应敏锐,眼睑不发炎。⑧牙齿洁白,无缺损,无疼痛感,牙龈正常,无蛀牙。⑨头发光洁,无头屑,肌肤有光泽,有弹性。⑩走路轻松,有活力。

从健康含义的演变及标准可以看到,今天的健康涉及诸如人的生命组织的标准和病理学问题;个人的心理结构及其形成机制的问题;人的身心交互作用的问题人的生理层面、心理层面、伦理层面及社会层面辩证统一的问题；个体健康与群体和社会健康相互联系的问题；等等。这也就是"大健康"观念。健康既受社会生活中各种因素的影响，也反作用于社会生活的各个方面，健康应该而且必然成为整个人类共同关注的话题。实现个体的健康和社会的健康是人类共同致力的目标。

3. 心理健康

（1）心理健康的含义

迄今为止，关于心理健康还没有一个统一的定义。从一般意义上讲，心理健康是指没有心理疾病，但从本质特征来说，心理健康是指一种积极向上的心理状态。心理健康是心理学、社会学、精神病学、心理卫生学等多学科共同关心的重要问题。

1946年第三届国际心理卫生大会给心理健康下的定义为，"所谓心理健康，是指在身体、智能以及情感上与他人的心理健康不相矛盾的范围内，将个人心境发展成最佳状态"。心理学家英格里斯认为："心理健康是一种持续的心理状态，当事者在各种情况下都能进行良好的适应，具有生命的活力，并能充分发展其身心潜能。这是一种积极的丰富的情况，而不仅仅是免于心理疾病。"

社会学家玻肯认为："心理健康就是合乎某一水准的社会行为，一方面为社会所接受，另一方面能给自己带来快乐。"精神病学专家孟尼格尔认为："心理健康是指人们对于环境及相互间具有最高效率及快乐的适应情况。不只是要有效率，也不只是要有满足感，或是能愉快地接受生活的规范，而是需要三者具备，心理健康的人能保持平静的情绪、敏锐的智能、适应社会环境行为的能力和令人愉快的气质。"

我国学者认为，心理健康的人应是一个适应与发展良好的人，是一个心理功能健全的人。心理健康的人在与环境的互动中，其心理活动过程能够有效地反映现实，解决面临的问题，达到对环境的良好适应并且指向更高水平的发展。到目前为止，关于心理健康的普遍看法是，大家都认识到并强调个体的内部协调和外部适应，都把心理健康看作一种内外调适的良好状态。换言之，心理健康就是在身心和谐的作用下，给个体带来的一种主观幸福的体验。

综上所述，所谓心理健康，是指个体各个方面的心理活动过程均处于一种良好或正常的状态，包括合理的认知活动，适度的情感反应，恰当的意志行为，积极的生活态度，良好的适应状态，等等。心理健康是现代人追求的一种心理状态。

此外，在认识心理健康这一概念时，还要注意有狭义和广义之分。狭义的心理健康是指没有病态心理或心理疾病，而广义的心理健康是指具有健全的人格和良好的心理品质。目前，人们倾向于接受心理健康是相对的这一观念，也就是说，较长一段时间内持续的心理状态，异常心理或行为的偶尔出现和轻微情绪失调若能回复正常，就不被认为是心理不健康的。对心理健康的认识趋于多化，特别是强调生物、心理、社会、医学方面中多因素的交互作用。

（2）心理健康的判断标准

和躯体健康一样，人的心理健康也是有一定的客观标准的，但不同的学者对此持有不同的观点。

美国学者堪布斯提出心理健康的标准是：积极的自我观念，恰当地认同他人，能面对和接受现实，主观经验丰富。社会心理学家玛丽·雅霍达描绘了心理健康个体的六条特征：①对自我的态度，包括自我接纳、自尊和准确的自我认识；②追求实现个人潜能；③集中能量形成统一的人格；④有助于自主感的统一性和价值观；⑤对世界的准确认识，不因主观需要而扭曲；⑥掌控环境，享受爱、工作和娱乐。

对心理健康标准的理解，最经典的是马斯洛和米特尔曼提出的心理健康十条标准：

①有足够的安全感；

②能充分地了解自己，并对自己的能力做出适当的评估；

③生活理想切合实际；

④与现实保持接触；

⑤能保持人格的完整和谐；

⑥善于从经验中学习；

⑦能保持良好的人际关系；

⑧适度的情绪表达及控制能力；

⑨在不违背团体利益的前提下，追求适度的个性发展；

⑩在不违背社会规范的前提下，能恰如其分地满足个人的基本需求。

我国学者郑日昌教授认为，心理健康的标准是：认知活动正常，情绪生活健康，意志品质健全，自我意识正确，个性结构完整，人际关系协调，社会适应良好。

针对大学生心理健康的发展实际，我国学者王登峰教授提出心理健康的八条标准：

①了解自我，悦纳自我；

②接受他人，善与人处；
③正视现实，接受现实；
④热爱生活，乐于工作；
⑤能协调和控制情绪，心境良好；
⑥人格完善和谐；
⑦智力正常，智商在 80 分以上；
⑧心理和行为符合年龄特征。

聂世茂在研究《内经》后提出古人的心理健康标准：保持乐观的心境，不受物欲诱惑；不妄想妄为；意志坚强；有规律的生活，劳逸结合；心神宁静；热爱生活，人际关系和谐；善于适应环境变化；涵养性格，陶冶气质。

综上所述，心理健康的标准更多的是从适应性方面对个体提出的具体要求，比如，智力正常；情绪乐观并能自控；反应适度；自我意识明确；人际关系和谐；适应社会生活；意志品质健全；等等。而心理健康标准指的是身体上、精神上和社会适应上的完好状态，这种完好的适应状态还应该包括发展性方面的标准，比如，在工作中充分发挥自己的能力；在不违背团体利益的前提下促进自身的个性发展；等等。

（三）心理健康的基本要素

1. 内心体验

内心体验是心理健康的基本要素之一。健康心理状态的个体能够在自己所从事的活动中获得快乐和满足，或者体验到成就感和归属感。无法从生活中获得积极体验的人是不可能健康的。有一个富人与穷人的故事。富人家财万贯，穷人给富人做长工。富人很有钱妻子儿女一大堆，可是他每天都忧心忡忡、愁眉苦脸、唉声叹气，面对美味佳肴无心下咽。而穷人呢，他每天做工之后回到家中，一家三口粗茶淡饭，但其乐融融。富人非常奇怪，就去问穷人："你每天做工那么辛苦，挣的钱只够勉强糊口，你有什么好高兴的呢？"穷人说："我回家之后就将一天挣得的钱交给妻子，妻子就可以买米、买面、买柴、买布，我们的孩子就不会挨饿受冻，那我还有什么好不开心的呢？"这个穷人的心理比富人健康得多，他是精神上的富有者。一个人如果经常像富人那样感到悲观、失望、沮丧、恐惧或者无助，生活就会失去乐趣。

2. 行为与社会规范的匹配程度

个体的情绪和行为是否符合社会规范和一般行为准则是我们判断心理健康与否的重要指标，因为心理健康的内涵必须放在特定的社会文化背景中考察。精神病患者大多不承认自己有病，他们内心没有什么冲突，但是行为上就和我们的社会规范相去甚远了，有的精神病人在发病状况下可能会做出严重违背道德和法律的事情来。另外，心理健康的标准在不同文化背景下也会存在差异。在中国，父母有时会打骂孩子，而这也被社会允许，孩子也不会认为自己是在被虐待，以至于有些孩子发展出一些心理障碍。但是在美国，家庭如果有体罚孩子的现象出现，警察就会找上门来。同样，不同的社会情境对个体行为也有不同的要求。如果是开化妆舞会，一个人穿着奇装异服去参加就是很正常的事情；但如果商务谈判这么做的话，那我们就想这个人可能有心理问题了。可见，一个心理健康的人必须应社会，与社会处于和谐状态

3. 心理发展的趋向性

处于健康状态的个体，其心理就会朝向更加积极、完善和满足的方向去发展。心理健康状况良好的个体对自己满意，喜欢接受挑战和应对困难，并乐于从经验和挫折中积累经验，获得能力和人格的完善，从而体验到更多的成就感和幸福感。心理健康状况差的人则恰恰相反，他们的心理向消极、停滞的方向发展，严重的甚至出现倒退。如患有精神疾病的人往往不能正常工作和生活，他们会做出荒谬或者幼稚的行为，需要入院治疗才可能康复。

由于心理健康很大程度上是一种主观的体验，不易观察，所以在实际生活中，我们般通过以下三个便于观察的外在表现来判断一个人的心理状态是否正常：

一是看在日常生活中，语言表达、行为动作是否与他所处的生活环境、身份地位等相符合，心理活动是否与自然环境有明显的差异与不协调。

二是看是否能清楚地了解自己的心理状况，适时适度地调节和控制自己的心理活动并做出相应的正确反应。他的思维智力水平和认知、记忆能力是否在正常范围之内，他是否能稳定地控制自己的情绪，适度地做出情感方面的反应，使各个心理过程达到协调。

三是看性格是否在短期内发生较大的变化，让人难以接受。

这里有一点要注意，如果是特定的因素，如某些疾病、突然失去亲人、受到不同寻常的刺激等所造成的，经过一段时间的调整，可以自行恢复正常的心理行为，不属于异常的心理行为。

二、大学生心理健康

（一）大学生心理健康日

为引导大、中学生关注自身心理健康，2000年5月25日，全国大、中学生心理健康日活动在北京师范大学拉开序幕。健康日活动取"5·25"的谐音——"我爱我"之意，其主题是大、中学生人际交往问题和互助问题，口号为"我爱我——走出心灵的孤岛"。对此，发起者的解释是：爱自己才能更好地爱他人。心理健康的第一条标准就是认识自我，悦纳自我，能体验自己存在的价值，乐观自信，因为这样的人才能用尊重、信任、友爱、宽容的态度与人相处，能分享、接受、给予爱和友谊，能与他人同心协力。此后，教育部、共青团中央、全国学联办公室向全国大、中学生发出倡议，并把每年的5月25日确定为"全国大学生心理健康日"，这一活动也得到了全国各大专院校的响应。

（二）大学生心理健康的标准

心理健康与否的界限是相对的，没有绝对标准，大学生心理健康标准的掌握同样如此。关于大学生心理健康与否的判断，我们认为应掌握三个标准，即相对性、整体协调性和发展性。我们在研究大学生群体心理健康问题时，应将目光投向发展的健康观，即更多的大学生在发展中面临许多人生的课题，心理危机与心理困难等问题都是在发展的大背景下产生的。笔者认为，大学生心理健康的标准应从以下几个方面来把握。

第一，智力正常。这是大学生学习、生活与工作的基本心理条件，也是其适应周围环境变化必需的心理保证。因此在衡量大学生心理是否健康时，关键在于看其是否能够正常地、充分地发挥效能，即是否有强烈的求知欲，乐于学习，是否能够积极主动地参与学习活动。

第二，情绪健康。其标志是情绪稳定和心情愉快。包括的内容有：愉快情绪多于非愉快情绪，乐观开朗，富有朝气，对生活充满希望；情绪较稳定，善于控制与调节自己的情绪，既能克制又能合理宣泄；情绪反应与环境变化相适应。

第三，意志坚强。意志是人在完成一种有目的的活动时表现出的选择、决定与执行的心理过程。意志坚强者在行动的自觉性、果断性、顽强性和自制力等方面都表现出较高的水平。意志坚强的大学生在各种活动中都有自觉的目的性，能适时地做出决定，并能够运用切实有效的方式解决遇到的问题，在困难和挫折面前，能采取合理的解决方式，能在行动中控制情绪，而不是行动盲目、畏惧困难、顽固执拗。

第四，人格完整。人格是个体比较稳定的心理特征的总和。人格完整就是指个体拥有健全统一的人格，即个人的所想、所说、所做都是协调一致的，人格结构的各要素完整统一，具有正确的自我意识，以积极进取的人生观面对学习和生活，能把自己的需要、目标和行动统一起来。

第五，自我评价恰当。正确的自我评价是大学生心理健康的重要条件。自我评价恰当就是能够恰如其分地认识自己，摆正自己的位置，既不以自己在某些方面强于别人而自傲，也不以自己某些方面不如别人而自惭，能够自我悦纳，喜欢自己、接受自己，自尊、自强、自制、自爱适度，正视现实，积极进取。

第六，人际关系和谐。良好而融洽的人际关系是事业成功与生活幸福的前提。人际关系和谐的具体表现为：乐于与人交往，既有广泛而融洽的人际关系，又有知心朋友；在与他人交往中能保持独立而完整的人格，有自知之明，不卑不亢；能客观地评价别人和自己，善取人之长补己之短；宽以待人，乐于助人，积极的交往态度多于消极的交往态度；交往动机端正。

第七，社会适应能力正常。社会适应是指个体逐渐地接受现有社会中的道德规范与行为准则，对于环境中的社会刺激能够在规范允许的范围内做出反应的过程。社会适应性标准有两层含义：一是以个体的心理和行为是否符合一定社会公认的道德规范和行为准则为标准，二是以某个人一贯的心理活动和行为表现为依据。比如，一个人一向乐观开朗、活泼友好，一个时期以来却变得郁郁寡欢、沉默少语，甚至绝望轻生，这就说明他在社会适应能力方面出现了问题。

第八，心理行为符合大学生的年龄特征。大学生是处于特定年龄阶段的特殊群体，大学生应具有与自身年龄和角色相对应的心理行为特征。心理健康的大学生朝气蓬勃、思维敏捷、勇于创新。那种萎靡不振或喜怒无常的现象都是心理不健康的表现。

正确理解大学生心理健康的标准要特别强调一点，大学生的心理健康是一个发展变化的过程，而不是一个静态不变的结果。心理健康的大学生，在健康成长的过程之中，也许会碰到许多麻烦，也许会一时受到心理困扰，但他们有力量来应对和处理自己的问题。也就是说，看一个大学生的心理是否健康，不能只看他现在一时的情况，如果他现在正处于困境中，不要看他此时的心境，而要看他如何去应对并走向何方。

（三）心理健康对大学生成长的意义

1. 心理健康可以预防精神疾病、心身疾病和恶性事故

保持心理健康对于预防精神疾病、心身疾病和恶性事故有重要的意义。

精神疾病是一种严重的心理障碍，这与大学生的心理健康水平密切相关。由于社会生活的纷繁复杂，大学生随时面临着来自各个方面的心理压力。开展心理健康教育，能够教会大学生很好地处理各种矛盾，使其在挫折面前有足够的心理准备，并采取积极有效的措施，提高心理承受能力，从而预防精神疾病的发生。

心身疾病是指心理因素在病症的起因中占据重要地位的病症，如冠心病、高血压、胃溃疡、某些肿瘤疾病等。情绪不稳定、易大喜大怒、过于争强好胜、长时间的焦虑不安等心理很容易导致上述疾病的产生。对大学生开展心理健康教育，可以使他们有效地抵制各种不良诱因，矫正不良的心理反应，有效地预防心身疾病的发生。

近年发生的几起高校恶性事故中，有许多原因与大学生的心理健康状况有关。心理健康水平较低的人，很容易产生无法控制的愤怒情绪，出现过激行为。提高大学生的心理健康水平可以预防恶性事故的发生。

2. 心理健康对大学生成才有着重要的意义

健康的心理是大学生接受思想政治教育以及学习科学文化知识的前提，是大学生在校期间正常学习、交往、生活、自身发展的基本保证。如果一个人经常过度地处于焦虑、郁闷、孤僻、自卑、犹豫、暴躁、怨恨、猜忌等不良心理状态，是不可能在学习、工作和生活中充分发挥个人潜能、身心得到发展，进而取得成就的。

大学生保持心理健康之所以重要，是因为他们所承担的和将要承担的学习任务和社会责任较为繁重和复杂，执行起来较为困难和艰巨。社会主义现代化建设事业的成败取决于人才素质的高低和合格人才的多少。新时期的大学生面临着世界范围内的经济竞争、政治斗争、军事斗争乃至综合国力中其他方面的竞争，大学生的心理健康对自身的品德素质、思想素质、智力素质乃至身体素质的发展都有很大的影响。心理素质是人才素质的基础，心理健康是良好的心理素质的基本要求。为了培养和造就新时期的优秀人才，必须普及心理健康知识，优化大学生的心理素质。

(四) 做一个健康的大学生

曾任世界卫生组织总干事的马勒博士说过:"有了健康并不等于有了一切,但没有健康就等于没有了一切。"的确,健康是人生快乐、幸福、成功的基础和前提,而健康的半是心理健康。对于现代社会的人,尤其对于亟待成才的大学生来说,心理健康的意义远远超过躯体健康。

1. 养成科学的生活方式,保持身体健康

生活方式对身体健康的影响已为科学研究所证明。健康的生活方式指生活有规律、劳逸结合、科学用脑、坚持体育锻炼、少饮酒、不吸烟、讲究卫生等。大学生的学习负担较重,心理压力较大,为了长期保持学习效率,必须科学地安排好每天的学习、锻炼、休息使生活有规律

(1) 适度运动

"生命在于运动",大学生应坚持适宜的活动内容和活动方式,或者选择参加各项能延缓人体器官衰退老化的健身运动。

(2) 全面均衡营养

人体对各种物质的需求量都有一个度,过量摄入将会适得其反,高糖、高盐、高脂肪食物的长期过量进食,尤其是饱和脂肪酸过量会导致人处于亚健康状态。因此,均衡适量的营养是维护健康的基本手段之一。

(3) 提高自我保健意识

克服不良生活习惯是保持身体健康状态的基础。日常生活中戒除不良习惯和嗜好,如吸烟、酗酒、偏食,我们做到饮食有节,起居有常,不过度劳累,提高自我保健意识,自觉构筑第一道身体防线

2. 加强自我心理调节,保持心理健康

大学阶段是人生的多事季节,大学生应学会自我心理调节,自我调节的核心内容包括在人格、求知欲、精神状态等方面的有意识的培养和调整。

(1) 培养良好的人格品质

有了良好的人格品质,大学生就能够正确地认识自我,悦纳自我,就能够在挫折面前不惊慌失措,采取理智的应对方法,化消极因素为积极因素,从而保持积极向上的人生态度

保持浓厚的求知欲望

学习是大学生的主要任务,有了求知欲大学生就能够自觉地把主要精力放在学习多方面知识和技能上,以提高自身素质,从而更好地适应社会发展的需要。

（3）掌握精神愉快法

大学生应保持积极乐观的情绪、愉快开朗的心境，对未来充满信心和希望，当遇到悲伤和忧愁的事情时要学会自我调节，适度地表达和控制情绪，做到胜不骄、败不馁、喜不狂、忧不绝。

保持精神愉快、健康的方法有很多，比如人们常用的以下五种方法。

第一种，豁达法。豁达法是指大学生要保持宽阔的心胸，豁达大度，遇事不斤斤计较，平时做到开朗合群、坦诚、少私心、知足常乐、笑口常开，这样就很少会有愁闷烦恼。

第二种，松弛法。松弛法是指我们在被人激怒后或十分烦恼时，迅速离开现场，作深呼吸运动，并配合肌肉的松弛训练，甚至可做气功放松训练，以意导气，逐渐入境，使全身放松，摒除脑海中的一切杂念。

第三种，节怒法。节怒法主要靠高度的理智来克制怒气爆发，我们万一节制不住怒气，则应迅速离开现场，在信任的人面前宣泄一番，倾诉不平后尽快地将心静下来。

第四种，自脱法。自脱法是指大学生要经常参加一些有益于身心健康的社交活动和文体活动，广交朋友促膝谈心，交流情感。个人也可根据个人的兴趣爱好，来培养生活的乐趣，或体验大自然美景，做到劳逸结合。

第五种，精神健康九步法。精神健康九步法选自《心理学与生活》，它可以作为一种生活指导，鼓励我们更积极地生活，并为我们和他人创建一个更加积极的心理环境。该方法分为九步：

第一步，永远不要否定自己。寻找那些我们将来采取行动可以改变的不快乐的根源给自己建设性的批评，如下次应该采取什么不同的做法来得到自己想要的东西。

第二步，将自己的反应、想法和感受同朋友、同事、家庭成员以及他人进行比较，从而可以估计出自己行为的适宜性，以及自己的反应是否符合社会规范。

第三步，结交一些密友，我们可以同他们分享感受、快乐和忧虑，致力于发展、保持和拓展自己的社会生活支持网络。

第四步，发展一种平衡时间的能力，从而可以灵活地对自己的工作，环境的要求和自身的需求。有工作在手时请面向未来，有快乐在握时请珍惜现在，和自己的老友联系时请珍惜过去。

第五步，永远对自己的成功和快乐充满信心，并且和他人分享自己的积极感受。清楚地了解自己独特的、与众不同的品质——那些可以提供给他人的品质。例如，一个害羞的人可以给一个善谈的人提供专注的倾听。我们要了解自己的个人优势和可以进行有效利用的资源。

第六步，当我们感觉就要对自己的情绪失去控制时，请用离开的办法避开使自己不快的环境，或者站在另一个人的位置上考虑一下，或者设想未来，使自己看到问题得以克服的前景，或者向一个同情者加以倾诉，表达自己的情绪。

第七步，记住失败和失望有时是伪装下的祝福。它们可以告诉我们目标可能并不适合自己，或者救我们于未来更大的失败之前。吃一堑，长一智，遭受挫折后说一句"我犯了个错误"，我们可以再继续前进。我们所经历的每一次事故、不幸和挫折实际上都是潜在的美妙机会，只是他们表现的方式很特别而已。

第八步，如果我们发现自己无法走出抑郁，就去向受过专业训练的人员寻求建议。

第九步，培养健康的愉悦。我们可以花些时间去放松，去反省，去收集信息，去放风筝，去享受自己的爱好，去进行一些自己可以独处的活动，以及那些自己可以做到并能从中得到享受的活动。

概括而言，心理健康是一种人生态度。心理健康的人能以积极的眼光看待周围事物，富有利他精神，能在付出和发展自己的过程中增强自我价值感；心理健康的人渴望追求高尚的生活目标，同时能放弃做"完人""超人"的念头。所以，一个心理健康的大学生，既要有目标，目标又不能定得太高；既要积极进取，又要正视客观现实。

三、心理健康教育

（一）心理健康教育与学校心理健康教育

心理健康教育，就是指根据人们心理活动的规律，采取各种方法与措施，调动一切内外积极因素，维护个体的心理健康，培养其良好的心理素质，以促进其整体素质提高的教育。

学校心理健康教育指根据学生生理、心理发展特点，运用有关心理学的理论、方法和手段，预防学生心理问题，增进学生心理健康，培养学生良好的心理素质促进学生身心全面和谐发展和素质全面提高的教育活动。

作为一种新的教育理念、一种新的教育模式和一个多维度多层次的教育体系，我们可以对心理健康教育的丰富内涵作如下分析。首先从内容看，心理健康教育包括心理素质培养与心理健康维护两部分。这两方面内容，反映了学生个体正常成长和发展的不同层次要求。人的道德品质和文化素质在很大程度上依赖于个人心理素质的发展水平。身体的健康是心理健康的前提，同时心理的健康也促进了身体的健康，有很多研究证实了两者是相互影响的，并呈止相关。此外，心理素质还决定着个体智力的活动成效，以及个体的社会适应能力。培养心理素质的根本目的，是促进人的素质的全面发展，只有素质的全面发展，才有健全人格的发展。对学校的学生来说，培养其良好的心理素质，是助其学业、事业成功的重要保障。心理健康教育的另一重要内容是心理健康维护。从心理健康的角度看，心理状态可以分为三种情况，即正常状态、不平衡状态与不健康状态。正常状态般指个体的认识、情感及行为表现符合一定社会的规范要求，并且与其本人的价值观体系、道德水平和人格特征相一致。个体在没有遇到较大挫折或困扰时，一般处于正常状态。不平衡状态是指由于个体遇到如恋爱失败、家庭变故等消极应激事件时，其心理处于挫折、焦虑、矛盾等状态，从而引起个体的不适应行为。不健康状态与正常状态相反，其特征是个体的认识、情感、行为表现等经常性地与一定社会的规范要求相矛盾或相冲突。在个体处于心理不健康状态时往往会做出一些反社会行为和异常行为，并且较难预测和预防。心理健康的维护就是要使个体形成并维持心理的正常状态，例如帮助学生形成自我调控能力，维持正常的心理状态；帮助进入了不良心理状态的学生及时恢复正常状态；帮助心理不健康的学生恢复健康状态，从而使其能适应社会，正常成长和发展。心理素质培养主要是使学生能够成功、成才，心理健康维护则主要是使学生能正常地生长发展能适应社会，能成长为健康的成人。

其次从性质看，心理健康教育包括发展性教育与补救性教育。发展性教育是指心理辅导人员在了解个体心理发展一般规律的基础上，针对学生在不同阶段所面临的任务施以一定的教育和辅导，促使其心理矛盾妥善解决、心理潜能充分发挥，从而促进其身心健康顺利发展的过程。补救性教育是指在发展性教育不能发挥作用的情况下，由心理辅导人员运用心理学的原理和方法，对学生在学习、生活、适应中出现的问题给予直接的指导、帮助，并对有关的心理障碍或轻微的精神疾患进行诊断、矫治的过程。其中前者的教育对象是正常发展的学生，是一种常规性、预防性和提高性的教育。而后者的教育对象是心理方面出现了不同程度问题的学生，是一种矫正性教育。发展性教育与补救性教育这两者虽然侧重点不同，但在实际的心理健康教育工作中，两者是很难截然分开的，而是相辅相成，共同发挥作用。

再次从形式看，心理健康教育还可分为个别性教育与团体性教育。个别性教育是以学生个体为对象的心理健康教育。团体性教育即以学生的级、班、组为单位，或以具有不同行为、性格、性别等特征的学生为对象而实施的心理健康教育。个别性教育具有特定性，随时根据学生情况的变化修订教育计划或方案，通过谈心、行为导向、强化等手段密切师生关系，从而达到矫治或培养的目标。因此，补救性教育主要针对个别已出现心理问题的学生，更适合于个别性教育的形式。团体性辅导具有普遍性，可针对某特定的团体进行发展性的引导，故而，发展性教育更适合于团体性教育的形式向绝大多数正常发展的学生的。

（二）高校大学生心理健康教育

对于我国高等教育来说，大力建设高校大学生心理健康教育不仅是促进大学生全面发展的重要途径和有力手段，也是实现高等教育强国的必由之路。随着改革力度地不断加大，我国社会情况发生了深刻而复杂的变化，加强学生心理健康教育的呼声愈来愈高，特别是近十几年来，学生素质教育的推进，对观念、能力以及心理素质提出了新的要求。从 20 世纪 80 年代中期至今，我国高校大学生心理健康教育已经有三十多年的发展史，其中经历了起步阶段、探索阶段、推广阶段，现在进入了全面发展的阶段。

关于大学生心理健康教育的内涵，不同的学者各有侧重，有着不同的表述。根据 2002 年 4 月教育部印发的《普通高等学校大学生心理健康教育工作实施纲要（试行）》，高校大学生心理健康教育的主要任务是：根据大学生的心理特点，有针对性地讲授心理健康知识，开展辅导或咨询活动帮助大学生树立心理意识，优化心理品质，增强心理调适能力和社会生活的适应能力，预防和缓解心理问题。帮助他们处理好环境适应、自我管理、学习成才、人际交往、交友恋爱、求职择业、人格发展和情绪调节等方面的困惑，提高健康水平，促进德智体美等全面发展。根据 2002 年 4 月教育部印发的《普通高校大学生心理健康教育工作实施纲要（试行）》和 2011 年 2 月教育部印发的《普通高等学校学生心理健康教育工作基本建设标准（试行）》，不难看出，高校大学生心理健康教育一定要包括以下几点：一是教育的实施者，即高校教育者，其中包括指导总体性工作的领导小组和具体实施教育工作的基层教师；二是教育的受益者，即高校的大学生，不仅包括有心理障碍或心理疾病的"问题学生"，更包括所有需要心灵成长的在校大学生；三是教育目标，即要使高校大学生的心理具有较强的调适能力和发展水平；四是教育的内容和途径，心理健康教育的内容和途径其根本是心理健康教育目标的具体化和操作化，为实现心理健康教育的目标服务。

综合以上观点，笔者认为，高校大学生心理健康教育，就是指教育者有计划、有组织地帮助大学生了解心理健康的知识，掌握实现心理健康的途径与方法，学会对不健康心理进行调适与矫治，从而促进大学生的知、情、意、行等方面在本身和环境条件许可的范围内达到最佳功能状态所进行的全部实践活动。

（三）大学生心理健康教育的发展历程

1. 高校大学生心理健康教育的历史回顾

从广义上说，大学生心理健康教育起源于20世纪的学校心理健康教育，而学校心理健康教育的产生与兴起主要得益于三次著名的运动，即心理卫生运动、心理测量运动和职业辅导运动。心理卫生运动是以如何正确对待精神病以及患者为开端的，从1792年皮内尔提出废除对精神病人的约束开始，至1930年5月5日心理卫生运动的推行者在美国华盛顿召开了第一届国际心理卫生大会。现代心理卫生运动引起了全社会对心理健康的重视，从而使心理咨询与心理辅导成为学校心理健康教育的重要组成部分。美国心理学家卡特尔于1890年发表的《心理测验与测量》中首先提出了"心理测量"这一专业术语。此后一批标准化的教育测验相继被编制出来并且应用于实践，这使得心理测量成为一门得以公认和广泛使用的专门技术。学校心理健康教育运用心理测量的技术手段可以获得更为科学可靠的依据。第一个运动是20世纪早期的职业辅导运动。当时由于工业革命的影响和大量移民的涌入，美国的社会问题变得特别复杂，尤其在学校里，学生的问题与日俱增。一批社会改革家、学校行政人员和教师因此掀起了一场旨在教育青少年如何了解自己和他人以及周围世界的辅导运动。职业辅导运动使学校心理辅导等教育活动得以展开发展。在这样一个背景下，高校大学生心理健康教育开始慢慢兴起并取得了长足的进步。

2. 国外高校大学生心理健康教育的发展现状

现在，国外特别是欧美地区的高校大学生心理健康教育已经发展的较为熟，主要表现在以下几个方面。

第一，有着清晰的教育目标和明确的教育任务。相较之初期的高校心理健康教育的目标主要是针对少数存在心理障碍和心理问题的个别学生，当今的高校大学生心理健康教育已经转向以全体学生为目标对象，形成了涵盖全面的目标体系。各地方高校提出的心理健康教育目标也不尽相同，但基本都体现了满足学生心理需求的同时，有计划地、积极地推动学生全面发展这一根本目标。在这一清晰目标的指引下，针对实际情况形成了明确的高校大学生心理健康教育任务体系。第二，高校大学生心理健康教育的组织机构快速发展和监管不断完善。组织机构快速发展体现在学术组织的不断增多、学术期刊的大量创办和政府投入的持续增长等方面；而监督管理的日益完善体现在对伦理规范和评估作用的重视。第三，从事高校大学生心理健康教育人员的严格认证与科学培养。从业人员必须经过严格的资格认证考试，例如美国的州强制的资格认证和国家水平的自愿的资格认证。对于人才的科学培养包括系统全面的课程设置、严格要求的专业训练和重视实践环节等等。第四，高校大学生心理健康教育方法和途径的多样性。不仅运用心理健康教育教学和心理咨询来实施心理健康教育，还通过其他途径进行教育，例如心理健康图书馆、校园生活渗透、与社区合作和建立心理健康档案等多种形式。

3. 我国高校大学生心理健康教育的发展历程

我国高校大学生心理健康教育工作起步于二十世纪八十年代初期，到目前为止大概经历了起步探索阶段、初步推广阶段和全面发展阶段。

第一阶段从八十年代初期至八十年代中期，为我国高校大学生心理健康教育的起步探索阶段。这一时期，一些国外的心理咨询资料也相继被翻译和介绍进来，部分高校的师生对心理咨询开始有了初步的了解，只有小部分高校效仿国外开始开展心理咨询，但是心理咨询在高校远没有形成气候，只是为心理咨询进入学校并立足和发展起来作了一定的铺垫作用。此外，还有一些高校开始在学校里开设了医学心理学、心理咨询的讲座或选修课，部分院校开设了大学生心理学课，处于尝试探索阶段。

第二阶段从八十年代中期至九十年代初，是我国高校大学生心理健康教育的初步推广阶段。这一阶段的主要特点是心理咨询在一些大城市的高校开始进入比较系统的实践，开始培训专业人员、出版专业书刊、建立了一批咨询机构，学校的心理咨询在社会和学校的影响下日益深入。除开展个别咨询外，各高校还系统地开办有关心理卫生的讲座，对学生进行心理健康教育，且受到学生的广泛好评。更有北京师范大学等高校的心理咨询中心，还在编制和修订心理量表、探索学校心理咨询服务的科学手段和现代化技术方面做了一些工作，并取得了积极的进展。也有高校纷纷派出人员到国外进行相关专业的进修学习，这也为我国高校大学生心理健康教育起到了积极作用。

第三阶段从九十年代初期至今，为我国学校心理健康教育的全面发展阶段。我国高校大学生心理健康教育经过十几年的积累和努力，进入了一个全面发展的新时期。这一阶段高校大学生心理健康教育开始得到社会的普遍重视,开展心理健康教育工作的学校大幅度增加,不仅心理咨询在学校教育中的地位得到了进步巩固,其它形式的心理健康教育也开始相继展开。其中为推动全国大学生心理咨询工作的开展和学术水平的提高,1990年11月,中国心理卫生协会大学生心理咨询专业委员会在北京成立,标志着我国高校大学生心理咨询进入了一个重要阶段。大学生随着各地高校心理健康教育活动的普及与开展,各校在心理健康教育活动的形式上、内容上进行了不断的探索和创新。

4.我国高校大学生心理健康教育的发展趋势

我国高校大学生心理健康教育从八十年代初期兴起,至今已经历时三十余年。展望未来,笔者认为我国高校大学生心理健康教育将向着以下几个方向发展。第一,高校心理健康教育普遍存在,也就是说由少数学校推广到大多数学校,直至所有高校都有相配备的心理健康教育;受众群体也将普及到在校的每一位学生。第二,高校大学生心理健康教育愈来愈规范化。随着社会对心理健康教育的重视程度的加深以及政府出台的一系列相关政策,高校的心理健康教育工作将更加科学和规范。第三,从事高校大学生心理健康教育工作人员日趋专业化与职业化。第四,高科技手段在高校心理健康教育中将得到更多的利用,网络系统、电子模拟系统以及先进的测量系统的应用将使心理健康教育更加方便快捷,科学可信。第五,高校大学生心理健康教育将呈全球化发展趋势,各国、各地区的学术交流将带动高校心理健康教育的相互沟通、吸收和交融。

第二节 大学生心理健康教育的内容及形式

一、大学生的心理特点

大学生心理成熟的水平并非完全取决于他们生理成熟的水平,更多地会受到社会环境,尤其是学校教育的影响和制约,同时取决于其社会生活实践的广度和深度。就大学生心理发展的整体来看,他们正处在迅速地走向成熟而又未真正成熟的阶段,这显著地表现在他们矛盾的心理特点方面。

大学生心理发展的一般特点表现为以下六个方面。

(一)抽象思维迅速发展,但思维易带主观片面性

随着身心发展趋于成熟,学习的知识越来越多,思维训练越来越复杂,大学

生的抽象思维能力也获得迅速发展，并逐渐占据思维活动的主导地位。他们喜欢进行比较系统的理论论证，对事物因果规律有浓厚的兴趣，思维的独立性、批判性日益增强，思维的深度、广度、灵活性与创造性有长足发展。不过，他们抽象思维的能力还没有达到完全成熟的程度，思维品质的发展也不见得与其身心状况平衡，在认识复杂的社会问题时，往往容易出现简单、主观、片面、想当然、脱离实际或固执偏激等不良倾向。

（二）情感丰富，但情绪波动较大

大学生富有青春气息，充满生活激情和活力。随着他们对大学生活的逐步熟悉适应，他们的社会交往和联系逐渐增多，社会性需要也在增强，他们的情感也日益丰富、强烈，不断得到发展与完善。这体现在具体的学习、生活、活动、劳动和人际交往的过程中，带有明显的时代性、社会性和政治性。这些情感在大学生世界观、人生观、价值观的逐步确立及支配下，会迅速地向广度和深度发展，逐渐成为其情感世界的本质和主流。在大学生情感日渐丰富的同时，他们对情绪控制的能力也在不断地由弱变强。不过，无论从生理、心理和社会的角度，还是从青春期情绪丰富而不稳定特点的角度来看，大学生在受到内在需要和外界环境的强烈刺激之下，还是容易出现情绪波动。他们或可能短时间内从高度兴奋的情绪中变得十分消沉，或可能从冷漠突然转变为狂热，两极性表现得比较突出和明显。

（三）自我意识增强，但发展不够成熟

自我意识是人对自己及自己与周围环境关系的认识，包括对自己存在的认识，对自我身体、心理、社会特征等方面的认识。这种认识主要是通过自我观察、自我检验、自我评价、自我调节、自我完善来实现的。大学生十分关注对自我的认识，他们中的大多数人对自己的评价和别人对他们的评价比较一致。大学生借助于他人、社会的评价来认识自己，但又不完全依赖于别人的评价，具有明显的独立性、自主性和自觉性。大学生能够根据自身、周围环境及社会现实正确认识自己，恰当地为自己定位，给自己的学习和未来发展做精心设计，并进行心理和行为上的努力。

大学生的自我意识、自我评价能力、自我调节能力在逐渐增强，但囿于社会知识、经验和能力的不足，他们还会在自我意识形成与发展的过程中面临各种矛盾和问题，如主观自我和社会自我之间、现实自我和理想自我之间、成就期望与现实之间、强烈的独立意识与难以摆脱的依附心理之间、自尊与他尊之间、自尊

心与自卑感之间等在自我认识方面过度自我接受或过度自我拒绝，在自我体验方面具有过强自尊心或过强自卑感，在自我意向方面"以自我为中心"，过分独立、过分依赖、不当从众等心理行为，都反映出大学生正迅速走向成熟但尚未真正成熟的心理特点。

（四）意志水平明显提高，但还不平衡、不稳定

随着社会经验的增多，大学生对社会、对人生的意义有了更深刻的认识。他们的世界观、人生观、价值观逐步确立，并开始自觉地设计人生道路，确立奋斗目标，根据目标确定具体的实施计划。他们出于对目标价值的认同，受到目标强烈的吸引和激励，会为实现奋斗目标而克服前进道路上的各种困难，表现出坚强的意志力，这表明大学生的意志力已发展到较高水平。但大学生的意志发展水平还不平衡、不稳定。一般来说，他们的自觉性和坚持性品质发展得较好，但果断性和自制性品质发展相对缓慢一些。这主要表现为：他们在处理关键问题或采取重大措施时，有时优柔寡断、动摇不定，有时草率武断、盲目从众。大学生的意志水平在不同活动中的表现是不一样的，即便是同一种活动，心境的好坏也会使其意志水平表现出较大的差异。

（五）人格发展基本成熟，但不够完善

人格由气质、性格等诸多因素构成，是相对稳定且具有独特倾向性的心理特征的总和。人格影响人的身心健康、活动效率、潜能开发及社会适应状况。它是人们在长期的实践中形成和发展起来的，反映了一个人总的心理面貌。大学生处于身心急剧发展和自我意识由分化、矛盾逐渐走向统一的特殊时期，这是他们人格发展的重要时期。当代大学生人格发展中有成熟积极的一面，如：能正确认识自我；智能结构健全合理；对社会环境的适应能力较强；富有事业心，具有一定的创造性和竞争意识；情感饱满适度；等等。但也有相当一部分大学生不同程度地存在着人格发展上的缺陷或不完善，如常见的自卑、懒惰、拖拉、粗心、鲁莽、急躁、悲观、孤僻、多疑、抑郁、狭隘、冷漠、被动、骄傲、虚荣、焦虑、以自我为中心、敌对、冲动、脆弱、适应性差等。大学生良好的人格是在正确认识自我的基础上，通过不断学习、实践、优化、完善来实现的。

（六）智力发展水平达到高峰，社会需求迫切

大学生一般思维敏捷，接受能力强，通过专业训练和系统学习，其抽象逻辑思维能力得到充分的发展，智力水平大大提高，分析问题、解决问题的能力增强，

其智力层次含有较多的社会性和理论色彩。

几年的大学校园生活使大学生们与社会产生了一定的距离。也正因如此，大学生渴望加入社会的愿望更为迫切。在校园里，他们关注社会，评判各种社会现象，并希望自己能进入社会，按照自己的想法去改变各种令人不满的现象，把自己的专业知识服务于社会，体现自己的力量，实现自身的价值。这种迫切的社会需求与大学生正在形成的价值观相互作用，是将来大学生走向社会的重要心理依据。这一心理特点支配、指导着大学生的学习态度，从而对大学时代的生活质量产生重要的影响。

二、大学生心理健康教育的内容

（一）智力发展教育

使学生了解智力发展的规律、特点及自身智力发展的水平与特点，通过培养学生的观察力、记忆力、想象力、思维能力等，挖掘并开发学生智力潜能，培养多种能力，掌握有效的、科学的学习方法，养成良好的学习习惯，提高学习效率。

（二）非智力因素的培养

非智力因素是指动机、兴趣、情绪、意志等心理因素。培养非智力因素主要在于激发学生的成才动机，培养学习兴趣，锻炼意志品质，形成健康的情绪。重点在于使学生了解人的情绪成熟的标准及情绪变化特点，掌握调节情绪的方法，保持乐观的情绪和良好的心境。

（三）环境适应教育

使学生了解社会变化发展的特点及趋势，通过社会实践、模拟训练等方法，使学生正视现实，改变不切实际的幻想，脚踏实地提高心理承受能力，以充分的心理准备和较强的适应能力去迎接急剧变化的时代。

（四）人际关系和谐教育

使学生了解人际交往及人际关系的基本知识与技能，学习与他人交往并保持良好的人际关系，接纳他人、尊重他人、学会合作、和睦共处。处理好与同学、异性、家长、教师各方面的关系。

（五）健康人格教育

使学生了解健康人格的理论与特征，了解自己心理活动的规律和个性特点，客观分析自己，扬长避短，培养开朗、活泼、富有同情心、正义感、责任感等良好性格，克服自卑感，避免心理变态及人格异常。

（六）健康恋爱观教育

了解性生理和性心理的基本知识，正确处理恋爱中的心理问题，建立健康恋爱观，上好人生必修课，促进大学生人格完善和健康成长。

（七）职业生涯发展教育

社会发展到今天，大学生对职业发展的期待不仅仅是找一份工作维持生计，而是要找到一份满意的职业，实现自己的价值；同时，也希望能为自己的一生有一个较好的规划和安排。因此如何进行生涯与职业辅导，以生涯发展为主线，同时根据大学生的现实特点与需求，兼顾具体的职业辅导，为帮助大学生规划人生、发展自我、实现人生价值提供一个契机。

（八）心理障碍与疾病的预防

了解心理障碍与疾病的发生、发展过程，及时克服不良心理，学会寻求心理咨询帮助。

三、心理健康教育的基本途径

第一，系统地开设心理健康教育课程或相关课程，定期举办讲座。通过开设必修课、选修课等方式，以课堂讲授为主，系统传授心理卫生知识。如"大学生心理健康导论""大学生心理学""心理卫生学""大学生性教育""青年心理学"等课程。专题讲座可以根据学生共有的心理问题，选择适当时机举办。如新生进校时，可以举办"大学新生的适应问题"讲座；考试期间，可以开展"考试焦虑及其应对策略"讲座；毕业生离校前，可以举行"未来社会必需的心理素质"专题报告，等等这类讲座对象明确，针对性强，一般比较受欢迎。

第二，通过校内传播手段普及心理健康知识。充分利用校刊、板报、广播、学生组织的交流刊物造声势、扩影响，增强大学生心理保健的意识，增长心理健康的知识。

第三，对教职员工进行心理健康知识教育。严格地讲，教师的心理健康影响更大。一方面直，接影响教师本人的工作、生活与健康；另一方面，直接影响学生。若教师人格不健全，情绪不稳定，喜怒无常，必然会影响人格尚未定型的学生。因此，教师的人格和心理健康状况甚至比他的专业知识更为重要。学校应通过讲座、讨论、宣传材料等方式，注重提高教师的心理健康水平，以便为学生成长提供良好的软环境。

四、我国高校大学生心理健康教育主要模式

（一）"分类—辅导"模式

"分类—辅导"模式简单地说，就是当心理问题产生时，对于普遍存在的心理问题或对于存在相同问题的学生进行分类，并进行集体辅导，以促进其心理机能与人格的发展与完善。而对于个别学生的问题，运用心理辅导技术进行个别辅导，以保证他们能够进行正常的生活和学习。对于超出学校心理健康教育解决能力范围的情况，应及时向有关部门转介，妥善安排。矫正教育与心理辅导相结合，是这一模式的核心。

该模式注重学生心理问题的具体分析，有利于对症下药地消除心理障碍，通过师生就心理问题直接沟通，使得师生能在心理相容的基础上平等、亲切地对话并解决心理问题。该模式对教育者的专业素养要求较高，要求教育者具有足够的敏感性和专业性，能够及时发现问题、甄别问题性质以及有针对性地进行辅导。这一模式只有遵循科学的原则与方法，通过科学的操作程序，其辅导过程才能为学生所接纳，起到预计效果。"分类—辅导"模式的局限是：相对于学生心理机能的完善是较为被动的，是被动的教育策略。在整体的心理健康教育过程中，矫治性的补救措施虽然是必要的，但它只能处于次要地位，占主要地位的则应是带有预防性的发展策略。这一模式对教师专业性要求很高，因而该模式更多地出自专业工作者的操作，难以被普通教育者把握。

（二）"三级预防"模式

所谓的"三级预防"，就是指对"病"的三个不同程度所采取的应对方法。"不病"的时候，要做初级预防，普及心理卫生知识，增强心理免疫力，以防止和减少心理疾病的发生纪律。"小病"的时候要作二级预防，尽早发现心理疾病提供专业干预，同时也要设法缩短病人的病程以及降低复发率。"病"的程度加深的时候要作三级预防，防止患心理疾病的心理异常转为慢性的，减少其机能障碍引起的危害和后遗症。这一模式的核心是强调预防，强调防患于未然，重视学生自身发展的潜能。

心理健康教育"三级预防"模式的特点是：该模式不仅仅停留在障碍的消除与问题的处理上，而是强调预防为主，看重心理潜能的开发和人格的完善。一改

"分类—辅导"模式集中在个体心理不健康的一面,而对人们心理健康的一面关心不够的做法,重视发挥人的潜能。以前摄性干预为主,重视防患于未然。前摄性干预是在问题发生之前,预测可能发生的问题,设法增进完成相应阶段的发展任务,以达到不治而愈的效果。前摄性干预无论从人力、财力和投入还是从干预的效果来看,都是更加理想的工作目标。

该模式评估学生心理健康水平的标准着眼于学生的可持续发展,发展性模式的对象是全体学生,为全体学生所拥有级预防"模式的形成,标志着心理健康教育迈入了一个重要的发展时期,即由重障碍、重矫正的矫治模式转变为重预防、重发展的心理教育模式,由关注现实问题转向关注未来发展问题,由服务于少数人转为面向多数人,由少数专业人员从事的工作发展为经培训后众多教育、心理、医务、社会工作者都可以参与的活动,由消除心理障碍为目的转变为促进心理发展为目的,由障碍性内容为主转变为发展性内容为主,从而形成了现代意义上的心理健康教育,并为心理健康教育的发展开辟了广阔的天地。

(三) 生态环境模式

所谓的生态环境模式强调的是分层重点强化和全面渗透的思想,有赖于心理健康教育生态环境系统作为基础和条件,进行心理健康教育活动。其中心理健康教育生态环境包括组织制度环境、显性教育环境、隐性教育环境和人际互助环境。生态环境模式中的因素并不是独自起作用的,而是需要各个环境因素相辅相成互相促进,发生交叉作用才能达到理想教育效果。

生态环境模式的特点是通过全面渗透开展心理健康教育,以一种自然而然的方式实现心理健康教育目标,具有"潜移默化"的效果,这比只是单一地开设心理健康教育课或专题活动更为经济有效。目前,大多数高校是通过专题讲座或开设心理健康教育课程来实施心理教育,这就往往会造成在课时相对紧张的情况下,有些高校单独增加心理健康教育课有难度。而这种渗透式教育则在不增加人力、物力及时间要求的条件下实现心理健康教育的目标,可谓"润物细无声"。生态环境模式强调的是在各种形式的教育中渗透心理健康教育理念,是心理健康教育的全员教育策略,高校心理健康教育的开展不是靠个别几个老师,而是在于全体教师的共同参与,只有这样,心理健康教育才能真正开展起来。生态环境模式同样也存在局限性。这是一项全新的教育系统工程,目前在我国高校还处于起步阶段,真正能通过组织制度、显性教育、隐性教育和人际互助各个环节渗透心理健康教育理念还是相当有难度的,因为该模式较其它模式更难操作。从理论上讲,该模式是最理想的心理教育模式，但因操作的难度较大，在高校内需要长期培养。

此外，还有以"课堂教育、课外活动、个别团体咨询、校园心理文化建设和课题研究五个方面有机结合"的发展模式；将学校教育、家庭教育和社会教育相结合的"学生—家庭—学校—社区"的整合模式等。

第三节 大学生心理健康教育的目标与意义

一、大学生心理健康教育的目标

高校心理健康教育自 20 世纪 80 年代心理健康研究兴起开始流行，自素质教育提出后，心理健康教育就作为素质教育不可缺少的组成部分而存在，担负了一部分素质教育的作用目标实现功能。樊富珉教授在《心理健康教育：21 世纪高等教育的新课题》一文中指出，高校心理健康教育有助于塑造大学生健康人格，有助于大学生潜能开发，有助于大学生保持健康的体魄，有助于预防大学生心理疾病。

心理健康教育旨在通过一系列有益于心理锻炼和培养的教育方式，来促使人形成健康、积极、符合年龄特征的心理健康状况。高校心理健康教育的具体目标是优化心理素质，开发心理潜能，增进心理健康，防治心理疾患，培养学生健全的人格，良好的个性，提高社会适应能力，促进德智体全面发展。高校心理健康教育的目标实现是一个延续性的过程，第一阶段，了解心理健康基本知识，提高对心理健康的认识。知识作为人对事物的一种研究状态，决定了人对事物的主观认识，大学生对心理健康的知识了解多了，自然也就提高了对心理健康的认识和主动培养意识。第二阶段，增进心理健康状况，并且对心理健康教育的一般标准和具体表现形式有所了解。大学生通过高校的心理健康教育，能够维护和保持自我心理健康状态，了解适合大学生年龄段的心理健康状况，做到适龄心理。第三阶段，了解心理疾病的类别和表现形式，学习心理调节的一般方法，能够自我进行心理调节。这一阶段的目标主要起到了防范作用，让大学生学习进行心理调节的一般方法，能够在自我心理健康状况有不良适应感的时候做到自我调节，具备寻求帮助的意识，从而防止心理失衡，导致心理疾病。

二、加强大学生心理健康教育的意义

从目前状况看，我国大学生心理健康总体水平偏低。据有关调查显示，全国

大学生中因心理疾病而退学的人数占退学总人数的54.4%。一系列的研究也充分说明，当前大学生的心理健康状况堪忧，理应引起学校、社会、家庭的高度关注。近年来，大学生因心理压抑、心理异常、心理变态、心理危机、心理障碍或心理疾病等原因不惜伤害自己和他人的恶性案件屡有发生，且有上升趋势。这一系列的事实也告诉我们：必须高度重视大学生的心理健康教育问题。心理健康的特殊性决定了心理健康教育的重要性，因而加强大学生心理健康教育有其内在的重要意义。

（一）有利于大学生适应时代发展潮流

21世纪是人才竞争愈发激烈的世纪，在亚太经合组织（APEC）第九次领导人非正式会议上，各经济体领导人通过《领导人宣言》和《上海共识》一致强调，在今后十年中，要强化APEC执行机制，要加强人力资源能力建设。这就是说，世界各国已经普遍认识到，未来的竞争是对高素质人才的竞争。在知识经济时代，高素质的人才对企业发展乃至国家综合国力的提高都是十分重要的。十几年前，一张本科毕业证书就是进入社会的通行证，而今天，本科甚至硕士毕业证书都已经不再好使。随着高等教育的逐渐普及，社会关注的将不再是大学生有没有文凭，而是有没有能力，是否善于沟通，能否与他人协作。在近年来的就业市场上，这种看重大学生心理素质的招聘倾向已经显现，许多跨国公司在招聘时已经开始应用心理测验来了解大学生的心理健康状况。可以预见，在未来的社会之中，心理健康必将成为21世纪的通行证，大学生只有拿到了这张通行证，才能够在广阔的社会舞台上自由驰骋。

21世纪，强调高效率和高节奏的社会生活将成为主流，这就必然会带给人们更多的紧张、焦虑和不安。伴随着世界经济一体化趋势的加强，就业和生存压力也将继续增加。因此，21世纪对人才的心理素质提出了更高的要求，要想在21世纪取得成功，不仅要有良好的思想道德素质和科学文化素质，更要有创新的精神、进取的态度、竞争的意识、应变的能力、沟通的技巧、充分的自信、积极的思维、乐观的态度、健康的情绪、成熟的人格。所以要想在未来的社会中生存和发展，没有良好的心理素质做保证是不行的。这是时代发展对大学生提出的要求，也是大学生适应社会、适应环境变化所必须具备的能力。

大学生是承载着社会、家庭、自身高期望值的一个特殊的群体，他们的素质如何，将直接影响着社会的发展和进步。高校是为社会培养符合社会发展需要的高素质专门人才的场所，社会需要具有良好的思想道德素质、科学文化素质、专业技能素质、身体素质、心理素质的人才。高校就责无旁贷地要为社会培养这样的人才。

（二）有利于全面推进素质教育

全面推进素质教育是党中央、国务院从我国社会主义事业兴旺发达和中华民族伟大复兴的大局出发做出的重大决策。高等学校作为培养社会主义建设者和接班人的重要阵地，全面推进素质教育是其必然的工作目标。

所谓素质教育，是依据人的发展和社会发展的实际需要，以全面提高全体学生的基本素质为根本目的，以尊重学生主体和主动精神、注重开发人的智慧潜能、注重形成人的健全人格为根本特性的教育。

"素质"是从心理学界定过来的一个概念，心理学认为，素质是指人的身体和心理发展的客观基础。人的发展，是从量的积累到质的变化连续不断的过程。每一个阶段新质的出现，都为下一个阶段的发展奠定一定的基础，进而促成其在新的水平上生长。人的可教育性，就是在不断提高基础水平的变化中体现出来的。素质是一个人身上处在发展中的"基础条件"。

个体的素质结构，主要包括生理、心理两大基本要素，无论是古希腊时期的"身心既美且善"，还是现代社会提出的"个体和谐发展"，无一不认为个体素质结构包含身心两个基本方面。生理素质主要指人的身体发育、机能成熟和体质体力的增强。心理素质则指人的认识、情感、意志及人格的发展与完善。素质教育可相应地分为身体素质教育和心理素质教育。

心理素质教育是有目的、有计划地对受教育者的心理施加影响，使其提高心理健康水平，全面发展人格，注重学生潜能的开发和各种优秀心理品质的培养和发展，同时预防各种异常心理和心理问题的产生。

近年来，我国大学生心理健康教育工作虽然得到较大的推进和加强，在推进大学生素质教育中发挥了重大作用。但是，还应该看到，我国大学生心理健康教育工作还远远不能适应新形势的发展，特别是还不能满足全面推进素质教育的需要，还存在着在新形势下对大学生心理健康教育的任务、对象、特点和规律认识不高、研究不深的问题，尤其还存在着对心理健康认识上的不到位，还远远没有把这项工作放到应有的位置上。因此，我们要通过对大学生心理健康教育活动，引导和帮助大学生提高对心理素质在人的整体素质中的作用的认识，引导和帮助大学生正确处理好心理素质与其他素质的关系，引导和帮助大学生了解和掌握心理健康的必要知识，引导和帮助大学生优化人格品质、增强心理调适能力和社会适应能力，为大学生全面发展和协调发展创造相应的条件。

（三）有利于推进新形势下学校德育工作

心理健康教育作为德育工作的重要组成部分，不仅是因为教育部的规定和要求，更重要的是适应新形势下高校德育工作开展的迫切需要。

近年来，中共中央、国务院及其教育行政部门逐渐将大学生心理健康教育纳入学校德育范畴，使高校德育工作的外延和内涵有了新的拓展。教育部在《普通高等学校大学生心理健康教育工作实施纲要》中明确要求把大学生心理健康工作纳入到学校德育工作管理体系中。中共中央、国务院《关于进一步加强和改进大学生思想政治教育的意见》中进一步把大学生心理健康教育作为对大学生思想政治教育的重要内容，其明确提出，在高校"要建立健全心理教育和咨询的专门机构，配备足够数量的专兼职心理健康教育教师，积极开展大学生心理健康教育和心理咨询辅导，引导大学生健康成长"。由此可以看出，加强大学生心理健康教育不仅是德育的重要组成部分，而且是加强改进德育工作的重要保证。随着我国社会改革的深入开展，社会情况发生复杂而深刻的变化，高校德育工作面临的形势更复杂，任务更繁重，工作更艰巨。面对新情况、新特点，增强高校德育工作的时代感及针对性、实效性，不但迫切需要马列主义的强有力指导，也迫切需要包括心理健康教育在内的多方位、多形式的强有力的配合。

（四）有利于实现大学生全面发展

现代社会普遍认为，大学生的综合素质包括思想道德素质、专业素质、人文素质、身体素质、心理素质和行为素质等方面，其中，心理素质是大学生安身立命的本钱。没有良好的心理素质，其他素质的提高也就无从谈起。因此，心理健康是大学生全面发展的基础。

一般而言，心理健康的大学生都有相对稳定的人生观和信念，并以它为中心，把自己的需要、愿望、思想、目标和行动统一起来。如果不是这样，就应该考虑是否出现了心理不健康的现象。而心理异常或有心理障碍的大学生，一般不能正确地认识自己，具有自卑感和孤独感，不能从集体中吸取力量，不能用坚定的信念去鼓舞自己，也不可能有切合实际的志向，往往一遇到困难就自暴自弃，这样，要实现人生理想和成才目标是不可能的。

大学生在校学习期间，要培养各种素质和能力以适应未来社会的需要，而心理健康是提高各种素质的基石。无论是专业知识的学习，还是身体素质的提高无论是人文素质的培养，还是行为素质的塑造，都离不开心理健康。例如，一个罹患强迫症的大学生,他每天需要花费大量时间用于对抗自己的强迫观念,并为此而痛苦万分,这对他集中精力学习专业知识带来一定的负面影响。因此,心理健康是大学生全面发展的需要,是今后"革命"的本钱。

有人说:"未来世纪的残疾人不再是肌体上存在某种缺陷的人,而是那些心理素质低下者"。大学生正处在迅速走向成熟但又未完全成熟的过渡时期,在这一时期,各种心理活动异常活跃,同时也充满了矛盾与困惑。在这一年龄阶段,自我调节能力还不完善,当面临新的环境、学习压力、人际关系等一系列问题的时候,常常会因为遇到挫折、困扰而引起情绪波动,心烦意乱。大多数学生在面临这些问题或冲突时,通过朋友的帮助、书籍的影响、老师的指导、家长的协助等能及时地进行自我调整而保持健康的心理状态,能愉快地进行生活、学习、交往。但是,也有一少部分学生无法依靠自己的力量调节和改善这种状况,久而久之,就会发展为程度不同的心理困惑或心理疾病,以致影响正常的学习和生活。开展心理健康教育,可以使那些心理比较健康的学生尽快地缩短适应期,提高学习、生活的效率;也可以使有心理障碍的学生及时得到矫治,尽快恢复到健康的状态。

三、心理健康教育在大学生健康成长方面的重要性

我们知道大学生是我们国家的希望,是中华民族的未来。当今大学生的全面发展程度影响着我国的社会主义建设,也决定了心理健康教育对当代大学生成长具有重要意义。

(一)促进大学生的心理健康成长

大学生受客观因素包括家庭因素、学校因素、社会环境因素等影响,心理状态各不相同。进入大学后开始面对社会生活、学习、人际关系等压力,大学生在心理健康方面总会有一些问题出现,长期发展下去将会导致大学生的心理出现异常的诱因,很难健康的成长。这样的案例也有很多,例如药家鑫、张华富之类严重偏激、扭曲的极端心理现象。大学生成长的过程不仅仅是简单的知识积累,更应该注重心理的健康成长。其中健康的心理包括乐观的生活态度、健康的情绪、统一完整的人格品质、健全的意志、强烈的求知欲、自尊自爱、人际关系和谐等等,这些将伴随着大学生的一生。大学生这个年龄阶段正处于心理和生理走向成熟的阶段,所以在大学阶段开展心理健康教育对当代大学生具有重要的意义。当前,"90后"已经进入大学校园,给心理健康教育带来更多的难题。诸如精神上渴望独立而生活上依赖父母,个性上自信张扬而面对陌生人却又沉默寡言,思想上比较成

熟而处理问题时又显稚嫩，做事情果断大胆但对事情欠缺周全的考虑承受挫折的能力较差，与人交往的能力有待提高等等。因此，应该突出大学生心理健康教育的位置，使大学生健康的成长。

第一，通过心理健康教育能够使大学生学会积极调节自己的心理。目前大学中有一定数量的人患有心理疾病，在这时，思想政治教育就会显得特别无力；如果处理得不够及时，就可能错过最佳治疗时机，使后果更加严重。随着心理科学的不断发展，越来越多的人们已经意识到大多数的心理症状或是心理疾病都和心理因素有关，例如我们都知道的抑郁症、强迫症、恐惧症等。当今社会中，部分青年大学生的心理健康存在一定的问题，由于大学校园里承受的生理和心理的压力都很大，因此如何用科学合理的方法去帮助他们摆脱这些心理疾病是当代教育工作者的重要任务。

第二，通过心理健康教育可以更好的开发学生的潜能。传统的思想政治教育更加注重的是政治观点和辩证唯物主义等一些高层次的价值取向，也就是说，思想政治教育更加注重的是个人的政治、思想和行为规范。现代的教育理论更加注重个人的综合素质，将人的全面发展视为教育的目的，并且人的全面发展和人生发展也是密切相关。在当代大学校园中，大学生的心理健康教育主要是通过对学生进行人格辅导和生活辅导等更加贴近学生日常生活的相关辅导，这样有助于大学生的全面发展。除此之外，心理健康教育能够培养学生良好的心理素质，还能够辅导当代大学生怎样更快的适应社会，在生活的过程中认识到社会的本质，正确的确立自己的目标。给自己制定合理的人生规划，在社会活动中得到发展与成长。

当代社会更加注重的是人的综合素质，那么高校在培养人、提高大学生的素质的同时还要注重培养大学生的主观能动性，这样能够激发出大学生的潜在能量。就目前的现状来看，各大高校的思想教育工作缺少一个有效的途径和手段并且目前的教育模式没有脱离传统的教育为主，受教育为辅的模式，这样会使大学生处于被动的状态，容易产生消极的不良情绪。但是我们可以通过心理健康教育，在教育的过程中尊重学生的人格，使学生实现自我认识，发现自身的价值这样能够不断的激发学生的智慧潜能、情感潜能等。不断开发大学生的潜在能力在各大高校开展心理健康教育，不仅开发了学生的潜能，也使得学生的个性更加明显，思想境界也不断的提升。

心理健康教育能有效提升人际交往能力。适应和发展是人的终身课题，目前人际交往能力已经成为一个成功人士的必要条件，并且已经成为一个人是否适应社会的标准。当大学生第一天进入大学校园起，身边的人和事都是崭新的也就意味着会面临很多的人际关系：陌生的同学、陌生的老师、陌生的班级、陌生的环境。大多数大学生都希望大学的人际关系是纯洁的、和谐的、简单的。但是实际上，当真正融入到大学生活中时，在人际关系方面就会出现很多问题，这些问题突然摆在大学生的眼前，使他们措手不及。所以在大学教会学生如何处理好人际关系，怎样去开展人际交往，对大学生的生活具有重要的意义，并且对学生步入社会也具有一定的帮助。

在传统的思想政治教育中，从道德规范角度对自身对他人和集体给出了明确的理论界定，并且重点强调了处理好人际关系的重要性。但是我们知道人际交往的方式和能力不是在道德层面简单的"要与不要""对与不对"的问题，它与学生的自身的性格特点、成长环境和人际交往能力密切相关，这就需要心理教育来解决上述问题。在对学生进行心理健康教育的过程中，教育者要以学生的个性特点和人际交往特点为基础，充分了解当代大学生在人际交往中存在的一些问题，通过综合分析来引导学生的自我认识，不断的提高大学生的自信心，提高学生的人际交往能力，在教育的过程中教授学生一些人际交往的技巧，使学生能够更快的适应社会，在社会生活中不断的提升人际交往能力。在关于人际活动的教育活动中，采用团体辅导的形式，这样效果更加显著同时也受到了广大大学生普遍欢迎。在团体辅导中通过同龄成员之间的互动来实现自我的发展，不断提升大学生的人际交往能力，在生活中能够更真实的认识自己，通过与其他成员分享经验和观点，实现共同成长。

（二）促进大学生知识技能的提高

新生入学后，面临的最大问题就是学习适应问题。大学相对宽松自由的学习环境也使得许多习惯由老师来安排一切学习任务的学生感到空虚和无所适从。也由于学习目标的不确定、对所学专业不感兴趣、对未来的出路比较困惑等原因，学生容易感到空虚、迷茫，以致无所事事、虚度了大学时光。还有，在高中时的学习尖子升入大学后学习上的优势减弱或消失，这种心理落差也会使学生心灰意冷，产生自卑感。这些现象产生的种种厌学行为成为大学生心理健康教育急需解决的问题。一旦患有厌学症，那么可能会导致该同学对学习没有兴趣，并且滋生种抵触的情绪，甚至荒废学业，这也影响着大学生日后的发展和信心的确立。要想去除厌学症，我们要从心理健康的角度出发，合理的去疏导学生，使学生能够全身心的投入到专业知识的学习中去，提高学习兴趣、心理承受能力和耐挫力。

(三) 促进大学生"三观"的健康发展

大学生正处于人生发展的重要时期，也是人的一生中世界观、人生观、价值观形成的关键时期。心理问题，是世界观、人生观、价值观问题在心理方面的反映。正确的世界观、人生观、价值观可以使学生正确的认知社会，认清自己的社会责任，更好的处理各种关系。生活在集体中，就要求大学生具有团队意识，学会宽容。美国著名心理学家戴尔·卡耐基认为："一个人的成功，只有15%靠专业知识，而85%要靠良好的人际关系和为人处事能力"。这句话说明了人际关系的重要性。然而当代大学生由于生活方式的不同、不同地域语言的不通、性格的迥异，有的学生长时间与同寝室同学不交往，关系冷淡，也有的学生不参加集体活动，过我行我素的生活，还有的因为家庭经济条件不如别人，产生强烈的自卑感抑郁心理，甚至会出现自杀的行为，影响学校和社会的安定。大学生心理健康教育能够使同学树立信心，在困难时看到挑战，在危机时发现机遇，化压力为动力锻炼坚持的意志品质，进而树立正确的人生观、世界观和价值观，不断的提高学生的人际交往能力，并且在一定程度上也维护了学校治安的稳定，促进学校和谐与发展。

第四节 大学生心理健康教育存在的问题及对策

一、大学生心理健康现状调查

从发展心理学的角度看，在校大学生正处于青春期的中后期，这一时期，大学生在人格上将逐步完成从青少年向成年人的过渡和转变，从而建立起自己稳定的人格结构，在心理上和经济上逐步摆脱对家庭和父母的依赖，从而走向独立和成熟。在这一人生发展急剧变化的时期，在校大学生面临很多重要的人生发展课题，必然会遇到各种困惑和矛盾。在大学期间，有相当一部分大学生不能正确对待遇到的各种问题，从而感到困惑和迷茫，有的甚至发展成为心理障碍。

(一) 大学生心理发展的矛盾

从一定意义上看，个体的心理发展就是指个体从出生到死亡，其间心理发生、发展和变化的过程。心理学将个体心理发展划分为以下几个时期：乳儿期、婴儿期、幼儿期、童年期、少年期、青年期、成年期、老年期。其中，青年期又可具体分为三个阶段。

青年前期：相当于高中阶段，个体的生长发育进入"第二次生长高峰"，心理特征特别是人格心理特征变化明显。

青年中期：相当于大学阶段，生长发育、心理发展均趋于成熟。

青年晚期：相当于完成学业、选择职业、组建家庭、走向社会的初期阶段，生长发育和心理发展相对稳定。

处在青年中后期的大学生风华正茂，心理发展趋于成熟，但在其心理发展过程中依然存在各种不平衡和不协调的因素，由此导致大学生的心理活动呈现出矛盾的状况。

1. 独立与依赖的矛盾

大学生离家求学，脱离了家庭的约束，同时也摆脱了升学的压力，有更多的机会来观察世界、发现自我。他们想用自己的眼睛寻找真理，不再一味地遵从师长和世俗的要求，可是他们经济还不独立，经历还不丰富，思维还不深刻，他们想独立但又很难摆脱依赖，就像空中的风筝，既想自由翱翔，又不忍挣断等线，风雨来时，还想投回母亲的怀抱。

2. 闭锁心理与渴望理解的矛盾

由于拥有了人格化的自我，大学生无法把自己完全地融入他人之中。每个人都有了一片只属于自己的空间，别人无法涉足。但他们又处于渴望友谊、期待理解的年龄，一声赞许会令他们欣然，一丝微笑会使他们兴奋。他们把自己的心灵之门小心地锁上，又把钥匙挂在旁边。他们多么希望一个细心的人能开启自己的心灵之锁，然后推门而入。

3. 理想与现实的矛盾

大学生是天之骄子，是象牙塔中理想与梦幻的化身。他们有的是热情，有的是精力，总觉得自己是未来社会的撑船人，世界属于自己。可是一接触现实则会发现，社会并不完全按照自己的思维运转，他们的高谈阔论很少被别人采纳，一腔热血有时换来的是冷嘲热讽。理想的泡沫在现实面前破碎后，他们痛苦、愤怒、郁闷，找不到自己的位置、自己的路。这世界充满了成功的机遇，但挫折和失败却比成功更多。大学生还处在一个太容易欣喜和沮丧的年龄，还不知道如何面对成功和失败。

4. 求知欲强与鉴别能力低的矛盾

上大学前，他们一直埋头于课本于题海中，一旦没有了升学压力，那处于巅峰的感知力和记忆力则令他们胃口大开，他们像饥渴的孩子一样涌向大学图书馆，哲学、文学、艺术……饥不择食。这种没有指导、没有鉴别的盲目阅读使他们吸收了许多营养，也吃进了许多毒素。各种各样的思想涌入他们缺乏鉴别力的大脑。读了一阵子书后，他们又陷入了新的迷茫与困惑。学海茫茫，不带着自己的指南针去读书，终究会在书堆里迷失的。

（二）大学生常见心理问题

目前，我国大学生常见的心理问题主要表现在以下几个方面。

1. 生活适应问题

这一问题在大一新生中表现得最为突出。新生来自全国各地，以往的家庭环境、受教育环境、成长经历、学习基础等条件相差较大。来到大学后，在自我认知、同学交往、自然环境等方面都面临着全面的调整和适应过程。因为不少大学生的自理能力、适应能力和调整能力普遍较弱，所以生活适应问题广泛存在，有的学生因为想家、恋旧，常常以泪洗面；有的学生厌学、彷徨、无所事事；有的学生失眠、抑郁，在焦灼中混日子；有的学生觉得自己低别人一等，丧失自信，产生自卑；有的学生怀念过去的成就与风光时刻，无法面对新的生活；更甚者则想休学、退学，打退堂鼓。如某校一名男生，上学不久就想退学，原因是难以适应集体生活，经常失眠。

2. 学习问题

大学生的主要任务是学习，学习上的困难与挫折对大学生的影响最为显著。大量事实表明，学习成绩差是引起大学生焦虑的主要原因之一。由于大学的学习方式与中学有很大的不同之处，所以很多学生存在学习问题，包括学习方法、学习态度、学习兴趣、考试焦虑等。例如，毛某是某学院二年级学生，进入大学后学习成绩在班上排名靠后，自尊心受到伤害，从此放弃努力。第一学年结束时两门功课不及格，于是觉得对不起父母，萌生了留级或退学的念头。

3. 人际关系问题

受应试教育的影响，一些学生的心理较为封闭，人际交往能力较弱。进入大学后，如何与周围的同学友好相处，建立和谐的人际关系，是大学生面临的一个重要课题。由于每个人待人接物的态度不同、个性特征不同，加上青春期固有的闭锁性、羞怯性、敏感性和冲动性，大学生在人际交往过程中不可避免地会遇到各种困难，从而产生困惑、焦虑等心理问题，这些问题甚至会影响他们的健康成长。例如，某学院机械专业学生林某上大学后不知道如何与人交往，人际关系问题使他伤透了脑筋，吃尽了苦头。上学一年多，和班上同学相处得很不融洽，跟同寝室的学生发生过几次不小的冲突，后来搬出宿舍，几乎不与同班同学来往，集体活动也很少参加。由于与同学感情淡漠，隔阂较深，他常常感到孤独和自卑，情绪烦躁。长期的苦恼和焦虑情绪使他患上了神经衰弱症，失去了学习信心，于是厌倦学习，厌恶同学，坚持要休学。

4. 恋爱问题

恋爱问题一直是大学校园的热门话题，也是大学生非常关注的问题之一。大学生处于青春期，性发育成熟是其重要特征，恋爱问题是不可避免的。由于没有接受良好的青春期教育，一些大学生不懂什么是真正的爱情，只是把对异性的神秘感和渴望交织在一起，由此产生了各种心理问题，严重者还出现了心理障碍。他们有的在求爱遭到拒绝后陷入深深的自责与自卑中，有的面对第三者感到焦虑、抑郁，有的为单相思或暗恋某人而茶饭不思，有的为失恋而萌发报复或自杀念头。如某学院男生吴某与女生刘某恋爱，双方感情发展很快。刘某对吴某投入了全身心的感情，陷得很深，但最终被吴某抛弃。刘某苦苦哀求无果后情绪一落千丈，整天待在宿舍，茶饭不思，以泪洗面，终于有一天乘同寝室同学上课之机写下一封遗书，吞下了安眠药，想以死来求得解脱，幸好被及时发现，经及时抢救脱离了危险。

5. 经济问题

一些大学生在大学过着衣食无忧甚至非常舒适、非常"潇洒"的日子，但也有一部分学生为学费和生活费问题而一筹莫展。更让他们难以忍受的是自己的状况常常遭到某些同学的嘲笑和不理解。这些情况会使他们的自尊心受创，造成性格孤僻、心情忧郁、烦躁不安的心理，导致学习成绩下降，人际关系冷漠，严重地影响了学习、生活和身心健康。如不及时加以引导和解决，还会发展成严重的心理障碍。某学院的李同学家境贫寒，考上大学本来非常高兴，好不容易凑够学费入了学，到校后却因经济困难，觉得自己穿得太寒酸，参加集体活动又要花钱，就很少参加。这些行为遭到了一些同学的嘲笑，他觉得同学们伤害了他的自尊心，慢慢地疏远了集体，想以优异的成绩证明自己的能力，但委屈、烦躁、苦闷、孤独、自卑常常侵扰着他，结果导致注意力难以集中、记忆力下降、四肢无力、胸闷心悸，到医院检查，医生鉴定其得了神经衰弱症。

6. 择业问题

经过四年的苦学苦练，每一个大学生都希望自己找到一份满意的工作，他们常常考虑的因素有个人理想、收入多少、社会声望、工作条件、发展前途等。但如今社会竞争激烈,用人单位的要求也越来越高,加之很多大学生在校时只是专心读书,与社会接触少,对社会缺乏真正的了解,这些情况导致一些大学生在找工作时常常不能如愿,与自己想象中的工作差距太大,从而感到失落、不安、彷徨和焦虑。

(三) 影响大学生心理健康的主要因素

一般来说,大学生的心理问题往往是由社会、学校和家庭的各种压力造成的。由于大学生的文化层次较高,社会对他们的期望、要求也较高,大学生自我关注和人生目标的定位也较高,因此,他们所面临的心理压力比一般的社会成员要大得多,其压力源也广得多。归纳起来,主要有以下几个方面。

1. 社会环境因素

(1) 社会竞争的压力

随着社会的变迁,竞争机制在人才培养和就业制度上的引进等,大学生面临着各种压力。如在经济转轨、社会转型期,大学毕业生由国家统一分配转变为通过人才市场在多种所有制范围内自主择业,这种就业制度的重大变化使一些大学生感受到强烈冲击。近年来,我国许多机构都在进行人事制度改革,大学生就业形势严峻,下岗失业人数增多等,也使不少大学生感到前途渺茫。这种失落感极易导致大学生产生心理问题。

(2) 信息矛盾引起的认知问题

大学生正值长身体、长知识、学做人时期,正处于世界观、人生观、价值观的形成过程中,可塑性极强。随着网络时代的到来,各方面的信息纷繁复杂,良莠不齐,而大学生由于思想上还没完全成熟,缺乏社会经验,对信息的加工处理能力不强,他们中的一些人在理论与现实的矛盾中产生了一些心理冲突。这些心理冲突如果得不到及时解决,就会产生心理障碍或其他心理问题。

2. 学校环境因素

(1) 生活环境的压力

生活环境的变化是促使个人心理发生变化的重要原因。从中学到大学,大学生的生活环境发生了较大的变化,他们开始过独立的但又是集体式的生活。这种生活方式要求大学生既要做到生活自理,又要有奉献精神。但由于当代大学生中的绝大多数人是独生子女,不少人往往会因缺乏生活自理能力,过不惯集体生活而感到孤独寂寞、压抑和焦虑。

（2）学习环境的压力

一些大学生在进入大学校园后会突然失去自信，感到自己一无是处。在学校里，竞争的内容并不局限于学习成绩，还表现在眼界学识、文体特长、社交能力、组织才干等方面。在这种情况下，大学生很容易产生巨大的心理落差，而对自己进行整体否定。学习方式、方法的变化也使部分大学生难以适应。中学时，大部分学生习惯于老师的详细讲解和具体辅导，自学能力较差，依赖性强。而在大学，学生获取知识的手段除了来自老师的讲授外，自学占了很大一部分。它要求大学生不仅有较强的自学能力、学习自觉性、自主性和自制能力，而且要求他们学会进行研究性学习，善于发现和提出问题，再加上大学的考试方法比较灵活等，这些变化往往使那些习惯于死记硬背、墨守成规，缺乏灵活运用知识能力的大学生遇到较多的挫折，从而感到自卑。

（3）个人情感的压力

大学生正值青年时期，对两性问题比较敏感。他们渴望与异性交朋友，渴望得到异性的友谊甚至爱情。但由于一些大学生生理早熟或心理成熟滞后，缺乏正常的人际交往技巧和交往能力，常为找不到真正的知己而苦恼，出现了不同程度的人际关系焦虑问题。

3. 家庭环境因素

（1）父母期望值的压力

当今社会，家长望子成龙的心态普遍存在。为了子女的升学问题，许多家长煞费苦心，不惜一切代价。这种来自父母的强烈期望，一方面可以成为大学生勤奋学习的动力，另一方面也可能适得其反，成为大学生难以承受的心理负担。

（2）经济困难的压力

目前，我国高校中大约有20%的大学生来自经济困难家庭或偏远山区，他们在生活条件方面，在吃穿乃至言行举止方面都与来自大城市的、经济优越家庭的学生有很大差距。他们除了参与学业竞争外，还得承受高额学费和生活开支带来的经济方面的压力。不少来自贫困家庭的学生在学习之余不得不靠勤工俭学来维持学习、生活。因此，他们所承受的心理负担明显地超过了其他同学，极易导致心理上的不平衡。

4. 大学生自身因素

大学生个体自身因素是影响和制约大学生心理健康的主要内因，主要表现为以下几方面：

（1）个体的人格缺陷

有研究表明，大学生中有相当一部分人存在不同程度的人格发展缺陷，表现为孤僻、冷漠、多疑、悲伤、急躁、冲动、固执、好钻牛角尖、易偏激、骄傲、虚荣、以自我为中心等。近年来，在对学生进行心理健康教育和咨询时发现，不少心理障碍都与人格缺陷有关，如偏执型人格障碍导致固执、多疑、好嫉妒，难与同学相处；强迫型人格障碍具体表现为过分的自我束缚、自我怀疑，常常紧张、苦恼和焦虑；自恋型人格障碍的主要特点则是自负，不接受批评和建议，人际关系紧张。

（2）自我意识缺乏客观性和正确性

大学生的自我意识是大学生心理发展中具有突出特色的方面，是人格发展的最集中的表现之一。自我意识包括自我评价、自我体验和自我控制等。

大学生对自我评价有浓厚的兴趣，但却常常缺乏客观性。有时自我感觉太好，自我期望值过高，偏离实际水平；而一旦遇到挫折和不幸，又容易出现逆转，走向对立面，产生自卑情绪，自我评价过低，不能客观、正确地认识自己。

大学生的自我体验强度大，但不稳定。大学生对自己的发展和社会地位日渐关心，对自己的一切行为举止极易产生强烈的内心体验，但自我体验有着较多的情感性，故不够稳定。他们常常会因为自我目标和现实目标有差距而心灰意冷、意志消退，出现自卑、抑郁、悲伤、痛苦等负性情绪体验。

大学生的自我控制水平明显提高，但却缺乏持久性。大学生进入大学后，一般都能按照自己的理想和追求规范自己的行动，并能逐渐以社会标准和社会需求调节自己的行动。但同时，青年大学生的自我控制缺乏持久性，经常出现忽高忽低的起伏现象。例如，自由散漫、懒惰、沉沦、失落迷茫、情绪过度高涨和过度低落等就是具体表现。

（3）缺乏人际交往能力

由于大学生面对来自不同地域、不同教育背景、不同经济状况、不同风俗和生活习惯、不同学业期待的新同学，建立协调、友好的人际关系是非常重要的。虽然大学生们整天在一起学习、生活，交往的机会很多，交往的内容也非常丰富，但大学生之间的交往较中学时期要复杂、难处理得多，而大学生中不少人既缺乏应有的交往意识和能力，又缺乏良好人际关系所必需的人格品质，因此，部分大学生常常感到人际关系上的压力，一些人甚至陷入人际交往危机。主要表现在以下几方面：

第一，缺乏自信心。有的学生认为对任何事情如果不反复确认就放心不下；有的学生因缺乏自信心而害怕社交或不愿意参加社交活动。

第二，在社交场合十分拘谨，过多地考虑自己的形象。

第三，以自我为中心，过分地苛求别人。对他人的言行吹毛求疵、挑剔、猜疑，缺乏理解、尊重、同情心。

第四，不懂宽容，不会设身处地为别人着想。

第五，过分固执、任性、偏激，甚至喜怒无常。

（4）生活环境变迁

心理学研究表明，个体所处环境的巨大变迁会使个体产生心理应激。生活环境的变迁对新生是一个不小的挑战。由于环境的改变、角色的变化、生活方式的变更，再加上大部分学生要远离父母长期住校，他们的独立生活能力、适应能力、交往能力欠缺，以及缺乏必要的思想上、心理上的准备，便产生了程度不同的适应困难。强烈的失落感必然会引发思乡念旧的情绪，而对大学生活的焦虑、恐慌、苦恼、不安也会在很长时间里影响着大学生的心理发展。

（5）理想与现实的冲突

在来大学之前，每一名大学生都在内心勾画着大学的轮廓：校园是那么温馨美丽，专业学习是那么得心应手，大学教授是那么超凡不俗……然而，到大学一看，与自己理想中的大学相差太远。理想与现实的差距越大，大学生的心理就越难以平衡。因此，在他们内心便会产生不满、失落、抱怨、自卑等心理困惑。

（6）恋爱问题

处在青春期后期的大学生，由于身心发展逐渐成熟，非常渴望同异性接触，而大学自由、宽松的环境也为男女生交往提供了良好的机会。此外，受文学作品、电影、电视剧中男女恋爱桥段的影响，或在越来越多谈恋爱师兄、师姐的影响下，很多大学生入学后，在没有充分的心理准备、不加冷静思考的情况下便盲目地坠入爱河。但是，由于许多大学生缺乏对爱情的认识和情感的把握能力，当在恋爱中出现了矛盾、纠纷甚至失恋时，轻者情绪低落，痛苦不堪。

二、大学生心理健康教育存在的问题及成因

（一）大学生心理健康教育存在的主要问题

1. 教育目标不平衡

长期以来，大学生心理健康教育在理念上没有契合教育以人为本，促进人的

全面发展精神，而是把问题的学生作为主要对象，把心理教育的对象局限在有心理障碍的少数学生身上，由此偏离了心理健康教育应面向全体学生，应渗透并贯穿于大学各个环节，同时承担预防并帮助解决学生问题，发展学生积极人格，促进学生发展的任务目标。把解决学生的心理问题和障碍作为核心任务，把心理健康教育局限在心理中心、心理课堂、心理教师、思想道德教育范围内，呈现出心理教育的德育化、医学化、课程化倾向，心理健康教育功能定位主要是以解决心理问题和克服心理障碍为己任，大学生心理健康教育被喻为"消防工作"或"心理垃圾处理站"，多是在做事后的补救工作，在很大程度上仅是从维护高校安全稳定避免出现学生恶性心理事故的角度进行功能定位的，把心理健康教育作为后防和应急策略，作为高校安全稳定的措施之一。由此，大学生心理健康教育首要问题是目标倾向消极、功能定位囿于局限，使得心理健康教育的片面发展。

2. 教育内容窄化

大学心理健康教育至少应包括良好心理素质的培养和心理问题或疾病的救治两个方面的内容。很长一段时间，许多高校把心理健康教育的重点放在少数学生的问题和问题学生的咨询与治疗上，多数学生心理发展得不到满足，心理健康水平难以得到提高。学校开设的心理健康教育课和心理辅导以及咨询多数以心理问题为主题，注重心理障碍或心理问题的解决，采用先罗列出心理问题，后举例提出克服问题的策略，再让学生联系实际进行讨论的模式。在学校的心理咨询中心，一般都针对心理障碍或问题进行个体或群体咨询，针对严重的心理障碍的治疗，偏重病症的消除和对损害、缺陷的修复和弥补，忽视了挖掘患者自身潜能和以及自己治愈疾病的能力构建良好心理状态的功能，表现为重诊治、轻预防，重障碍咨询、轻发展咨询。最后导致心理健康教育的内容越走越窄化，不能适应学生成长发展的需求。

3. 教育形式程式化

我国自20世纪90年代起，高度重视大学生心理健康教育工作。现阶段绝大部分高校都基本开设心理健康教育课程，但是开展这门课程并不能说明对心理健康的重视程度，有些学校仅仅只是挂出名号，并没有具体的实施表现，出现程式化的倾向，主要有以下几方面的表现：一是心理健康教育开课时间出现程式化。据调查研究发现，现高校开设课程的时间多设置于大一学年，而之后的三学年再无心理健康教育课程，这样心理健康教育课程设置不能及时有效的解决大学生在不同阶段的不同心理需求。二是心理健康教育授课形式过于单一。大多数学校的心理健康教育课程采取传统的课堂讲授方式，多个院系的学生集中在一起统一讲授心理健康教育课程或举行大型的心理健康知识讲座。这种方式并不能调动大学生自身的积极性去学习、理解其中的内容，反而使得心理健康教育陷入被动和程式化的局面。从调查问卷的数据显示可以看出，单一的心理健康教育授课形式不能得到大学生的广泛认可，大学生希望能够改变当前的授课形式，开展多种教育途径。

4. 教师队伍专业性不强

我国心理咨询与心理教育工作起步晚，心理学人才尤其是心理咨询与心理教育方面的专业人才培养与现实的需要差距比较大，对心理教育重要性的认识不够，心理教育的专业性不强，如把搞思想政治工作的人拉过去给学生做心理辅导，而这些咨询人员大多数是半路出家，有的只经过短期培训，有的甚至没有一点心理咨询的基本知识和技巧。尽管许多高校都设有"心理咨询中心"，但工作开展得并不尽如人意，一者因为参与咨询的教师生理、心理卫生方面的知识尚欠缺，并非专家型的，所以难于对学生的心理问题开出对症下药、药到病除的处方，二是心理咨询的一些手段、方法落后、陈旧，适应不了学生的要求，以致学生一旦有了心理问题，也不太愿意去心理咨询中心解决。

5. 教育效果欠佳

由于面临着社会的快速发展，社会压力增大，大学生普遍存在不同程度的心理问题。如有学生面对沉重的学业压力，出现厌学心理；遭遇生活、就业、升学的种种挫折，出现轻生的心理，甚至以死来解脱。据相关调查可知，大学生普遍都出现过消极情绪，这些消极情绪若不能及时有效得到解决，就会慢慢造成严重的心理问题甚至精神类疾病。近年来高校频繁出现大学生杀人事件或研究生高智商杀人事件，如马加爵的事件、药家鑫事件、复旦大学研究生饮水机投毒事件、北大高材生弑母等一系列恶性事件。据了解分析，这些大学生伤害他人或伤害自己的动机多是嫉妒同学、与他人小事不和、感情受挫等生活中琐事。这些数据说明，当前大学生心理健康教育效果欠佳，在调节心理方面存在很大的局限性，不能做到积极干预和引导。积极心理健康教育需要培养大学生的积极心态，乐观豁达的看待一些身边的琐事，加强大学生的心理素质，塑造积极的人格。

（二）我国大学生心理健康教育存在问题的成因

1. 社会原因

21世纪以来，随着我国社会经济的不断变化发展和社会的转型，各国之间科技、经济、人才的竞争越来越激烈，大学生首当其冲感受到强烈的社会变革。

（1）大学生心理健康教育的宣传力度有待提高

高校单纯的利用课堂对学生进行进行心理辅导，这种单一模式造成了心理健康教育严重的课程化趋势，很难促进心理健康教育在实践中着实取得进步。针对这类情况，社会很少借助机构和形式手段进行广泛地宣传和普及心理健康知识，如广播、黑板报、研讨会电视、互联网、论坛等开展心理健康知识的教育引导。同时，社会上相关教育部门的心理健康教育工作者缺乏与当地的广播电台、新闻报社和电视台的合作，创建心理卫生知识的专栏，宣传接受心理健康教育的重要性和必要性，对大学生群体中的热点话题进行答疑和指导，与宣传部、团委合作组织成立"心理健康知识宣传周"、"心理健康知识宣传月"或心理健康辩论赛等活动。社会上并未形成一种"心理健康教育在我心"的氛围，缺少有效的宣传和号召，社会应尽可能多的举行宣传活动，增加大学生的参与度和参与能力，培养大学生形成正确的心理健康教育观念，增强大学生心理心理健康水平，促进高校心理健康教育事业繁荣发展。

（2）在大学生心理健康教育问题上有待达成共识

随着我国现代化建设和改革开放的发展，我国社会环境发生了根本性的变革。这种变化对社会成员的心理状态和行为趋向都会产生一定影响，大学生作为特殊的知识群体，对这种影响也不能置身事外。

随着社会的不断进步，经济迅猛发展，人们观念也在日益改变。个性化、极端化、追求名利、追求金钱贪图享乐已经成为社会的普遍现象；社会中各种不好的行为并不少见。有的国家官员、号称白衣天使的医生、有着神圣使命的教师职业等也出现各种不好的行为，甚至非法行为。这使得思想和身体都在发展的大学生感到迷茫和不解，久而久之，必然产生不自信、猜疑、悲观等心理疾病和问题。

第二，我国教育事业飞速发展，致使给越来越多的学生提供了接受高等教育的机会和条件，但同时相反方面也使大学生毕业就业的难度难度系数加大。在近几年表现的尤为明显，国家经济发展同时也为了进一步的提升空间不断的转型，使大学生就业难度加大从而引发各种心理问题。在即将毕业的学生身上表现的尤为明显。有的大学生进入大四后，在想找到一份理想的工作很困难，甚至已经绝望时就开始怀疑自己否定自己；陷入沉思和困惑之中，使得学习和生活的信心不断降低。更重要的是在就业过程中存在性别歧视和一些不公正现象的存在，进而导致大学生心理上的愤怒和心理变态，有时甚至产生了对社会的报复心理。当然这也从另一方面反应出了大学生心理的抗压能力低，心理素质不好的现象。

第三，网络的飞速发展给学生带来了方便和便，但同时也带来了负面的影响，这就是网络游戏和一些不健康的网站损害了学生的心理。网游以震撼的效果和新鲜的视觉让学生愿意花时间和经历投入其中，有的甚至花上大把的金钱。好玩、刺激从心理上满足了大学生的需求，这就是为什么大学生喜欢网友的原因。还有一部分学生是因为在生活和工作中遇到困难和挫折寻求心理依赖和心灵上临时逃避；例如学习成绩不好、情感失败、同学关系不和谐等，这个时候就容易贪图一时的快乐在网络上寻求快乐从而贪图网络。久而久之就使自己的性格心理逐渐的发生改变，最终心理扭曲导致性格孤僻不合群。

2. 学校原因

学生进入大学后，大部分的时间都在校园内渡过。因此，若学校对于心理健康教育的重视程度不够，没有一定的师资基础发展心理健康教育事业，就会导致大学生在面对人际关系学业、就业等问题时不能有效的认识并运用相关心理健康知识解决心理困扰，造成大学生心理健康问题频繁出现。

高校对心理健康教育的认识仍需提升

目前，部分高校的教育理念相对陈旧且在思想观念上也有一些误区，这都大大影响了心理健康教育事业的改进和创新。真正的心理健康教育并不是单一地泛指心理卫生知识的传播，它更是一种具有时代性的与时俱进的科学教育理念。目前，从事心理健康教育的工作人员对心理健康教育的实质和内涵认识不足，对相关问题的认识和理解做的还不够具体。一些人认为心理问题是一个不可轻易诉说的神秘话题，甚至把那些有心理困扰和心理障碍的人当作另类人群，使得心理问题得不到合理的解决。同时，部分有心理障碍的人群由于畏惧他人的异样眼光等各种原因未能够基能医。这些现状使得有心理咨询想法的学生对心理咨询望而生畏，最终使得心理健康教育限于形式上的"教育"，不能使心理问题得到有效的解决。总的来说，我国高校心理健康教育事业相对落后，学校和教师在心理健康教育在真正的实施过程中也会遇到许多绊脚石。

（2）高校心理健康教育师资建设有待加强

随着我国教育体制的改革和创新，大学生心理健康教育也越来越受到社会各界广泛的关注，但取得的成效却屈指可数。

目前，大多数高校都积极开展了心理健康教育相关的工作，但是由于缺乏一定师资保障，导致心理健康教育不能按照相应的教学规划来开展，在真正实施的过程出现了很多意想不到的难题。一方面，高校对心理健康教育的重视程度不够，经费方面出现了严重缺失。一些高校对心理健康教育的认识程度还远远不够，心理健康教育相关部门的资金投入与其他相关部门教育投入是不能相提并论的。另一方面，缺乏师资力量的投入和建设。部分学校并未建立专门的心理辅导教室，而心理辅导课程也是由其他德育学科的教师或是专业医生担任。虽然这些老师具有教学能力和水平，但是对于心理学方面的专业知识还欠缺很多，同时他们长期用自己德育教学得工作方法和思路与学生沟通。甚至心理健康教育的专业教师和专家、领导并不具备心理健康教育的业务水平和经验，所以往往在工作中完全根据自己的判断来治疗心理疾病。以上这些问题在高校心理教育中普遍存在，所以这更加限制了心理健康教育事业发展的脚步。

（3）高校理论与实践相结合的研究尚待增加

心理健康教育工作具有较强的专业性、学术性和针对性，对于大学生这一特殊群体来说，学好心理健康知识、做好心理实践，将会在未来的人际交往、学业、就业问题上受益匪浅，将会一生受用。心理健康教育这一系统性工程迫切需要一定的理论支撑，没有理论依据的支持，心理健康教育自然就脱离了科学性和进步性。研究表明，目前部分高校在心理健康教学上出现了理论和实践的脱轨现象。高校的心理健康教育理论成绩比较客观，理论研究成果也相对较多，但是在实践层面的发展少之又少。我国的心理健康教育仍存在多种不足，如在教学过程中，没有深入了解大学生的内心发展特点，没有及时关注大学生心理变化。在查阅有关心理健康教育方面的书籍和刊物时我们发现，文章内容空洞、缺少创新性、没有明确的指导方向。大部分文章主要是针对大学生心理健康问题进行理论探究而缺少具体可行的指导方法。从心理健康教育实施成果上来看，一些学校心理健康教育仍以课堂教学课本知识为主，缺乏实际生活中的检测和锻炼，久而久之就可能导致心理健康教育趋于课程化．

3.大学生自身原因

大学生是一个特殊的知识群体，面对社会的转型和社会竞争的日益剧烈，大学生面临的压力越来越大，心理承受前所未有的挑战。大学生自身的重视程度、学习态度、知识水平等内在因素对大学生心理健康教育问题产生关键性影响。

(1) 大学生对心理健康教育的重视程度不够

近年来,面对新世纪新挑战,大学生所表现出的心理方面的问题越来越明显,并逐步出现上升趋势。我们应该从实际出发,脚踏实地进行大范围的心理调查和分析,利用科学有效的手段和技术分析大学生心理健康的现状,为更好的开展心理健康教育奠定基础。现如今越来越多的人更看重的成绩和能否上一个好的大学,从而忽略了心理健康对学生的重要性。大学生自入学以来,就在一种固定的、学分制的教育模式下成长,把分数和测评结果看得尤为重要,这种片面观点致使大学生忽略了心理健康对他们的促进作用,更逃避心理学课程和相关校园活动。久而久之,这种片面追求分数,而忽略内心成长的发展模式会导致大学生出现各种各样的心理疾病,乃至人格的缺失。

虽然我国相关部门现已注重心理健康教育在大学生这一特殊群体中的意义,不断改善教育方式和教学制度,但是,目前来看,心理健康教育事业并未取得实质上的进步。我国大学生在应试教育的影响下,对心理卫生知识的学习缺乏主动性和积极性,纯粹得书本式教学导致大学生内心匮乏,更有甚者形成了心理缺陷。书本式照搬照抄的教学模式会给学生增加疲惫感和厌倦感,不利于课堂的教学,更不利于大学生在实践中根据所学知识解决实际问题,从长远来看,不利于大学生心理健康教育事业的发展.

(2) 大学生判断和适应能力较弱

首先,就大学生而言,他们还在懵懂迷茫的徘徊期,自身的判断能力和自我认知能力都有局限性。由于受到应试教育的影响,大学生在学习和生活中过程中常常忽略心理健康教育的重要性,仅仅高度追求高成绩或者其他占有高学分的学科。近年来,在大学校园中发生过许多恶性事件,而这些学生大多来自贫困、偏远农村家庭。大学生中互相攀比的现象使他们更加自卑,产生妒忌、嫉恨的扭曲心理。其次,大学生欠缺对自我的正确评价和评估。再次,高校大学生对外部社会环境的适应能力较弱。学生在人际交往方面、学业方面出现了对社会环境的不适应、与社会相脱节的现象,缺乏自我独立能力、自我管理教育能力、自我反省能力等,常常表现出自我为中心的状态,自私表象比较明显,从而总是感到孤独和被孤立。最后,大学生没有形成正确的心理健康教育观念。大学生正处于青年时期,对世界、金钱、物资、工作、爱情等之前没有意识到的概念充满了好奇和叛逆。大学生由于缺乏最基本的是非判断能力,而导致心理问题的时有发生.

(3) 生理因素的影响

个体生理因素涉及方面很广,如年龄、性别等。大学生正处于由非成熟走向成熟、独立的过渡时期,在这特殊时期里,大学生的身心健康影响到他们的学业、事业、交友和爱情,更影响到他们的未来发展。一些大学生在出现心理困扰之始,并不愿意透露出他的心理问题,刻意隐瞒和逃避,久而久之,心理问题的趋向正式形成,心理障碍便随即出现。部分大学生由于不能客观地看待心理健康教育的过程和目标,再加上社会消极思想的感染,心理问题的严重程度大大提高。由此可见,若忽视不身心发展中不可避免的问题,再经过长期积累反复和得不到及时的解决,这种状况对自身有着严重的、不可挽回的危害。

总之,影响大学生心理健康教育的因素是多方面的,社会、高校、政府和家庭都要重视起来,各种因素全方位配合,多方面开展大学生心理健康教育事业的创新工作。面对大学生心理健康教育的问题,面对时代对大学生心理健康教育提出的高要求,心理健康教育迫切需要探索发展之路,进一步明确开展心理健康教育工作的思路,更好地指导大学生心理健康教育实践,提高学校心理健康教育的效果。

三、解决大学生心理健康教育问题的有效途径

大学生的心理健康问题不仅关系到大学生个人的生活、学习、工作和身心健康成长,也关系到中华民族素质的提高,关系到社会的发展与未来,理应引起全社会的重视。作为承担为社会培养身心健康、全面发展的专业人才的高等学校,应积极采取措施,在认真研究大学生心理健康发展特点的基础上积极地探索大学生心理健康教育的有效方法和途径,实现对大学生心理健康方面的指导与帮助。

(一) 充分发挥学校心理健康教育的主渠道作用

1. 发挥学校教育课堂主渠道的教育优势

一方面通过教书育人,帮助学生树立正确的人生观、价值观;另一方面,开设专门的心理教育课,介绍一些预防和缓解心理压力的好方法,教会学生自我调节情绪(如情感宣泄法、情感转移法、自我安慰法、心理补偿法等)。同时通过各种发生在学生身边的案例,设置教育情境,让学生自己教或互教,使教育在潜移默化中形成。

2. 积极开展有效的心理咨询

学校内设置心理咨询室,由专门的心理咨询教师为学生提供服务。心理咨询取得良好效果的关键是咨询老师要理解信任学生,遵循保密、疏导、交友性原则,如此才能达到心理转化的效果,心理咨询教师要有意识地和困于心理问题的同学

建立起关心、尊重、了解和指导的关系，并依据问题的需要使用适当的心理治疗方法，减轻或消除学生的不适应的心理现象，做到"防患于未然，治病于萌芽"。开展有效的心理咨询和治疗对预防和矫治中学生的心理疾病有着积极的作用。

3. 改变评价方式

学生的自卑心理大多来自教师对学生的主观评价。一些教师凭主观感情，偏爱成绩好的尖子生，对中层生漠不关心，对后进生全盘否定，出言不逊，这无疑给学生带来极大的心理压力及负面影响，可能使许多学生产生自卑心理，甚至对学生的自尊心、自信心都会产生不良影响，严重影响学生的身心健康。被誉为"德国普通教育之父""德国教师的教师"的19世纪德国资产阶级民主主义教育家第斯多惠曾说过："严厉的面孔和训斥、咒骂学生是一种恶劣的行径"。我们应学习借鉴英国教育的优点，英国教师对学生评价时从不吝啬自己的溢美之词，对学生的赞扬体现在具体细微中，一点点的进步，都会被他们非常郑重地夸奖一番。我们对待每个学生都应一视同仁，绝对不能挖苦、讽刺学生，应以一颗宽容慈爱之心爱护关心学生。我们很多教师缺乏这种意识，对学生太求全责备，我们应学会赞美，让学生能不断地从中得到鼓励。

（二）创造有利条件，健全教育网络体系

大学生心理健康教育工作是一项系统工程。要积极创造条件，建立以课堂教学与课外教育指导为主要渠道和基本环节，形成课内与课外、教育与指导、咨询与自助紧密结合的心理健康教育网络体系，确保大学生受到系统的心理健康方面的教育和指导。

1. 建好一个中心

学校要成立大学生心理健康教育咨询中心，负责大学生心理健康教育工作的整体规划、组织协调和运行工作；负责全校学生心理健康教育和相关的心理学科公共选修课教学大纲的制定，负责教学计划、授课任务以及各种规章制度的制定；开展心理普查，建立心理档案，进行团体训练、个体咨询、心理危机干预等工作。

2. 开好一组课程

构建合理的心理健康教育体系，充分发挥课堂教学在大学生心理健康教育工作中的主渠道作用，通过课堂教学向广大学生传授心理健康知识和心理调适方法，帮助学生提高适应社会生活的能力和养成良好的人格品质。在此基础上，开设着重于帮助大学生培养优良心理品质、提高心理调适能力和社会适应能力、培养综合素质的如社会心理学、交往心理、学习心理、成功心理等公共选修课。针对不同年级学生中带有普遍性的一些问题，开设系列专题讲座和报告。

3. 建设一支专兼结合的师资队伍

大学生心理健康教育工作是一项专业性很强的工作，对工作人员的专业素质要求较高，因此，培养一支专业化骨干教师队伍是做好大学生心理健康教育工作的关键。高校要结合教育部办公厅关于印发《〈普通高等学校学生心理健康教育工作基本建设标准（试行）〉的通知》文件精神，按学生比例配备专职及兼职教师。并要加强师资培训，保证专职和兼职教师每年接受不低于 40 学时的专业培训，或参加至少 2 次省级以上主管部门及二级以上心理专业学术团体召开的学术会议，适时安排从事心理咨询的教师接受专业督导，使他们不断提高理论水平，丰富专业知识，积累教育经验。

4. 建立三级心理健康教育网络

大学生心理健康教育工作必须有一定的组织保证，必须形成全校师生的共识。当前，高等院校比较普遍的做法是建立三级心理健康教育网络

（1）初级网络。由心理健康教育工作者在学生中通过各种途径普及心理卫生知识，培训一批学生骨干，充当心理保健员和学生咨询员，他们生活在学生中，宣传心理健康，及时发现同学中的问题，并介绍、推荐有问题学生去寻求专业帮助。

（2）院级网络。对院（系、部）级层次与学生关系密切的人员，如辅导员、班主任、学生工作人员等，进行专题培训，使他们初步了解大学生心理健康的状况，学会区分思想问题与心理问题，并具有解决一般心理问题的能力，使学生能够得到及时的帮助。

（3）校级网络。以学校心理健康教育机构，如心理健康教育中心和心理咨询中心等，培训专业人员，以帮助那些有比较严重的心理问题的学生，并通过心理健康调查，了解学生心理健康状况，有针对、有计划地提出切实可行的教育措施。

（三）重视校园文化建设，促进学生良好心理品质的形成

校园文化是社会文化在校园活动中的反映和表现，同时，对促进大学生的生理和心理健康发展具有良好的调节作用。健康的校园文化活动可以在心理鸿沟之上架起桥梁，有利于学生之间的相互理解和共同进步。如进行学习经验的交流，可以促进校风、学风的建设；举办辩论赛、演讲赛，可以促进认识能力和分析能力的提高；开展文体活动，则能增强学生的集体主义观念等。在这类校园文化活

动中，不仅可以增强学生的体质，改善和提高中枢神经系统的功能，神经活动的平衡性、灵活性，提高大脑皮层的分析和综合能力，而且还能发展学生的观察力、记忆力、思维力、想象力、创造力，促进学生良好心理素质的形成和发展。

加强校园文化建设，通过各种课外活动以及可以利用的手段，营造积极、健康、高雅的氛围，使大学生从中受到熏陶和感染，进而促进个体的和谐发展。共青团、学生会等社团组织可开展如演讲、辩论、知识竞赛、体育比赛等活动使学生的思维能力、语言表达能力、合作意识、意志品质等心理素质得到提高和发展。通过"5.25"大学生心理健康宣传日、学校广播、电视、网络、校刊、校报、橱窗、板报等广泛宣传、普及心理健康知识，使学生能够经常地接受心理健康教育，积极主动、自觉地提高心理健康水平。

（四）开展形式多样的大学生心理健康教育实践活动

实践活动是大学生心理发展的基本因素。心理教育的根本宗旨是促进学生心理的良好发展，要实现这一宗旨，就必须充分唤起他们的主体活动意识，让他们积极主动地参与各种各样的实践活动；学生心理要得到健康发展，必须通过实践活动，而活动又应是符合学生年龄特点和为学生所喜爱的，所以实践活动既可视为学生心理健康教育的基本要素，又可视为学生心理健康教育的基本策略。实践活动缩短了心理教育与学生之间的距离，在教师的指导下以学生为主体，通过学生自主的活动达到教育的目的，如：组织学生开展讨论、表演、游戏、制作、实验、劳动等活动，寓教育教学于活动中，使学生在不知不觉中受到教育。实践活动能充分满足学生的自我表现欲，增强学生的自信心，让他们在实践中尽情地表现自我，享受成功的喜悦。同时，活动教学可增强学生的责任感，积极承担为家庭、为社会做贡献的责任。

（五）营造有利于大学生健康成长的良好社会环境

社会要为大学生提供有利于心理健康的良好社会环境。全社会都应关心大学生的心理健康，政府应下决心综合治理社会环境，并常抓不懈。要树正气、治歪风，尽量减少社会环境中的不良因素对大学生心理素质培养的消极影响。

心理健康教育是一个复杂、长期的系统工程，也是一个富有挑战性而又不能回避的崭新课题。在新时期下，应构建一个学校、家庭、社会相结合的心理教育网络，才能让大学生健康成长。

①学校应设立心理咨询室和心理辅导室，定期上心理辅导课。通过心理咨询，及时了解学生心理动态，及时取得与家长联系，互相配合；及时调整教育方式和

选择教育途径。同时可请一些心理专家来校做心理辅导，心理辅导内容可以包括学习辅导、人格辅导、生活辅导和职业辅导等，以增强学生的心理承受能力。

②家长应主动地与学校联系。将子女在家的情况和掌握的心理动态及时反馈给老师，争取学校与家庭互相配合，选择适当的教育方法，帮助学生渡过心理难关，让学生健康成长。

③全社会都应重视学生的异常心理，应形成合力、形成共识。纠正学生心理是一项系统工程，需要全社会都来关心、支持。对学生心理和纠正应加大理论研究力度，借鉴先进经验，加速我国家庭、学校心理辅导、纠正成熟化的过程，让心理辅导走进家庭、走进学校、走进社会之中，正确理解认识心理健康教育，树立正确的教育观念，让社会、学校、家庭心理健康教育紧密结合起来，把跨世纪的大学生一代培养成为适应现代化建设要求的高素质的生力军。

（六）开展大学生心理普查工作，加强高校心理辅导

通过科学的方法和手段，有效地将大学生中可能存在心理问题的学生筛查出来，并根据其严重程度进行分类，对问题较为严重的学生进行跟踪、控制和帮助，实现对大学生心理问题的及时发现、早期干预和有效控制的目的，从而提高大学生心理健康教育工作的科学性和针对性。通过开展大规模的心理普查，有效地扩大大学生心理健康教育工作在学生中的影响，同时为制订大学生心理健康教育计划和建立大学生心理档案提供有力支持，形成筛查、干预、跟踪、控制一体化的工作机制，切实做好筛查出的可能有心理问题学生的后期支持工作。

心理辅导和心理咨询是大学生心理健康教育中必不可少的辅助性工作。心理素质教育是面向全体学生，而心理辅导和心理咨询则是有重点地针对少数有心理困惑和心理问题的学生进行帮助的一项工作。心理健康教育工作者可充分利用咨询室、心理信箱、心理热线、网络等进行心理辅导和心理咨询，及时解决学生的心理困惑和心理问题。

（七）心理健康教育要全面渗透在整个学校教育过程中

把心理健康教育与学校的德育工作、教学及日常管理工作有机结合起来，通过各项工作渗透心理健康教育。辅导员、班主任、两课教师和党政工团干部要有加强学生心理健康教育的明确意识，能够基本掌握有关心理辅导的理论和方法，在日常思想政治教育工作及日常的教育和管理工作中，能将学生的心理问题与思想问题区分开，及时、主动地与学校从事心理健康教育工作的教师合作，以给予学生及时的辅导和帮助。学校医疗保健机构应与学校心理健康机构相结合，为学

生开展心理健康教育和咨询服务。共青团、学生会和其他学生社团还可举办丰富多彩的活动，以便更好地提高学生心理健康水平。

综上所述，大学生的教育问题关系到我国未来的发展，只有解决好大学生的心理健康问题才能培养出更多的优秀人才，实现我国经济的可持续发展。健康的大学生是未来社会发展对人才的需要，是大学生个人成长阶段的需要，小的方面关系到大学生的就业问题、情感问题，大的来说其又何尝不是一个健康中国的未来呢？

第三章 大学生心理健康教学模式的创新发展

在高等教育领域，加强大学生心理健康教育研究是全面实施素质教育的重要组成部分，心理健康教育正在成为大学生全面素质培养模式和教学体系中不容忽视的重要一环，尤其是当下社会对人才素质要求越来越高。然而，传统的大学生心理教育模式已无法适应大学生心理发展的需求，高校要充分认识创新心理健康教育模式的必要性和紧迫性，加强对新模式构建的理论和实践探讨，切实推进大学生心理健康教育的全面发展。因此，有必要结合当下大学生心理健康教育课堂教学模式的不足之处，采取有效措施，推动大学生心理健康教育课堂教学模式改革，这对促进大学生良好品格的形成具有重要的意义。

第一节 体验式大学生心理健康教学模式

大学生心理健康教育课程是一门理论与实践相结合的综合性学科，具体表现为：通过心理教育手段，培养学生良好的心理素质，促进大学生身心全面发展。但在高校大学生心理教育过程中，传统的教学方法在正确引导大学生心理健康教育发展方面存在缺陷，因此需要通过心理教学模式的改革，全面提升大学生心理健康素质。体验式教学是一种以体验为基本特征的教学模式，是新教育体制改革后的时代产物，目前我国大部分高校在心理教学过程中都采用了体验式教学，但是仍然停留在初步尝试阶段。因此，探讨如何将体验式教学与大学生心理健康课程融合便变得十分重要。

一、大学生心理健康教学模式概述

（一）相关概念界定

教学模式就是为了完成某一课程的教学任务，实现该课程特定的教学目标，在一定的教学思想和教学理论指导下,在教学环境和资源的支持下所形成的教与学活动中各要素之间比较稳定的教学程序及实施方法的策略体系。

心理健康课教学模式是为了普及心理健康知识、提高学生心理素质,以现代先进的教学思想、教学理论与心理学理论为指导,以课堂教学为依托,运用相关的教学资源和教育技术,所构建的心理健康课比较稳定的教学程序及方法体系。

(二)大学生心理健康教学模式的基本结构

大学生心理健康教育模式是指营造和谐的大学校园人文环境,培育大学生良好的思维品质和能力,构建预防、解决大学生心理问题的基本目标、方法、机制和路径,是高校实施心理健康教育的顶层设计和评估高校心理健康教育成效的基本标准。

1. 基本主体

高校心理健康教育模式的基本主体是实施者和受动者,实施者主要包括心理学教师、高校辅导员、班主任及其他专业课教师。此外,大学生经常接触的同学、亲朋好友和崇拜的影视明星等,也有很大程度影响着大学生心理健康;受动者是指高校全体在校大学生。

2. 基本客体

基本客体是指心理健康教育模式中的心理问题、影响因素及教育对策,心理问题主要包括潜在的、即将出现和实际存在的心理问题,构建心理健康教育模式基本目标是减少和消除各种不利影响,充分调动各种的积极因素,形成有利于大学成长的和谐氛围,促进心理健康。

3. 中介系统

中介系统是指大学生心理健康教育模式所运用的各种媒介、手段和方法,主要包括四个方面:第一,组织结构,主要是指大学生心理健康教育模式的领导、教学和日常管理机构;第二,师资队伍,主要由心理学教师、心理咨询师、辅导员班主任以及其他教育者;第三,教育方法,主要包括应用心理学、教育学、思想政治学以及其他交叉学科的教育方法;第四,教学场所和教学仪器。

4. 基本功能

大学生心理健康教育模式的基本功能是消除并预防心理问题,建立健全大学生健康的心理和人格,它必须具有四方面的基本功能和意义,首先是能有效解决大学生当前的心理问题;其次,预防学生可能存在的心理问题;其三,倡导心理健康积极理念；其四，实现自我心理调节。实现大学生自我心理调节是预防和规避大学生心理问题的最有效、最可靠的根本途径，也是心理健康教育模式的终极目标。

二、体验式教学

体验式教学法是指为了达到既定的教学目的，从教学需要出发，引入、创造或创设与教学内容相适应的具体场景或氛围，以引起学生的情感体验，帮助学生迅速而正确地理解教学内容，促进他们心理机能全面和谐发展的一种教学方法。

体验式教学的内涵

所谓体验式教学，就是指在教学过程中教师通过合理情景的创设，有目的的引导学生领悟与理解情境中所具有的丰富内容，学生们通过在活动中积极参与而获得个人经验，全体学员通过教师的有效组织进行共同交流、分享体验与提升认识。体验式教学是通过学生的主动参与而实现教学目的的，其特点是以体验为中心，坚持知情统一与互动性。

体验式教学模式主要包含"情境创设"和"体验思考"两个环节。"情境创设"是指教师运用多种教学媒体与教学资源，创设一个生动的情景；"体验思考"是指情景创设后引导学生通过活动体验教学内容，激发学生的学习兴趣，让学生在体验中探究、思考、提升，以此达到学习知识、提升能力的目的。

与传统的教学方法相比，体验式教学有以下优势：第一，作为一种新颖的教学方式，体验式教学能够让学生置身于创设的情景中，比传统教学更能调动学生的积极性；第二，体验式教学可以发挥学生的主观能动性。学生亲自参与情景的创设，这一过程有利于学生的主观能动性的发挥，这对提升他们的创造性以及勤思考、勤动手能力也有很大的益处。第三，体验式教学法有利于心理健康知识的内化。体验式教学能够让学生在切身实践中运用知识，这更有利于理解所学的知识，有助于心理健康知识的内化与吸收。

（二）体验式教学的特点

1.通过实践活动提升学生学习效率

在传统的大学生心理课程教学模式中，学生处于被动学习的状态，且教学形式单一。教师认为心理健康教学只是心理理论知识的传输，因此忽略了心理健康教学过程中实践教学的重要性。对于高校大学生来说，他们都具备非常强烈的主观意识，心理健康教育是转变大学生思维意识中的偏激思想，巩固大学生的主流意识形态，使他们在未来生活发展过程中，不会因外界因素的影响，而造成心理防线的崩塌。而单向的心理理论知识的传输，无法达到这样的效果，造成如今大学生心理健康教育教学质量不高的局面。体验式教学是以实践教学—理论教学—实践教学的教学流程，将理论知识通过活动传递给学生，与传统枯燥的课堂教学流程不同，体验式教学中的实践活动更能激发学生学习兴趣，吸引学生注意力，从而提升学习效率。

2. 以学习者为中心促进主动学习

大学生心理健康教育的教学目的，是使学生的心理健康化、积极化。因此，在心理健康教学过程中，应该结合学生的个人体验，展开互动式教学。体验式教学模式中，较好地结合了这一教学原理，在活动体验的过程中，通过观察学生参加活动过程中的真实反应，正确把握学生学习过程中存在的心理素质问题。在理论教学流程中，针对性地根据学生的心理素质缺陷进行教学引导。通过满足学生心理需求，促进学生主动学习，从而提升心理健康教育教学质量。

（三）体验式教学的有效途径

1. 案例教学

案例教学就是教师在教学过程中结合课堂教学的内容，提供一些有代表性的案例，采取小组讨论、分享、角色扮演、头脑风暴等形式，让学生展开讨论。在案例的选择上应注意保护个人隐私；在教学过程中要调动学生的主观体验，积极鼓励学生发言；在讨论过程中应创造有利于师生互动的氛围，培养学生的创造性思维，让学生能更加直观地接受心理学的理论，特别是能从案例中学会反思自身的问题，从而提高学生分析问题和解决问题的能力。

2. 心理影片赏析

电影是浓缩的艺术表现形式，而心理影片面向大众，从心理学的角度走进人物的内心，通过系列的心理学理论揭示人物的心理过程。教师可以精选一些和青年学生相近、贴切的心理学影片，如《叫我第一名》《国王的演讲》《心灵捕手》等作为教学辅助资料，放映后组织学生分小组讨论并予以讲解。以电影中的人物为镜，折射自我的内心世界，通过影片的再现与分析，引导学生心灵感悟，帮助学生学习负责任的生活态度和积极的人生意义。

3 成长性作业

通过前期教学，学生了解到自身人格、情绪、人际关系的特点，而我们最终的落脚点还是在认知的改变和行为的转变上。如果没有有效行为作为支撑，新掌握的知识就只可能是昙花一现。在教学中教师可针对学生普遍存在的心理状况，布置相应的成长性作业。如自我情绪管理模式调整、人际关系沟通技巧训练等；还可以利用大学生心理健康协会开展相应活动，如读书会、青年志愿者服务等，帮助学生把学到的心理学理论、感受到的心理学动力，应用到自身的行为改变上。此外，还可在班级教学中开展帮扶、关爱留守儿童的活动，通过不一样的视角，重新体验成长中的挫折，帮助学生学会承担，实现自我成长。

4. 心理情景剧

心理情景剧就是让学生把自己学习生活中的焦虑或者困惑用情景剧的方式表现出来，教师则借此对学生的心理问题进行指导。心理情景剧通过角色扮演，让学生将平时压抑的情绪释放、解脱出来，亲身体验和感受心理的细微变化，化解心理冲突，从而达到宣泄、释压和领悟道理的目的。

5 户外心理拓展训练

拓展训练是1995年开始进入中国的一种新型户外体验式心理教学模式，对于团队建设，人际关系、执行力等方面有着显著作用。针对学生群体中普遍存在的缺乏相互信任、害怕群体冲突、欠缺情感投入、逃避自我责任、无视团体结果这5个团体障碍，利用学生的素质拓展基地，组织学生参加户外素质拓展，让学生通过全身心的投入，挑战自我极限，挖掘自身潜能，在获得高峰体验的同时，提高心理素质。

6. 团体心理辅导

结合心理健康教学内容，在专门的团体辅导教室分小组设计团体辅导活动方案。通过学习和了解他人的想法，让学生学习社交技巧，与他人分享经验与观念，从而获得团体的接纳与支持。团体心理辅导可以培养学生的合群性，解决学生中共性的心理问题，增强学生的体验，让心理学的理论真正深入到学生的内心。

7. 网络辅导

在学校心理健康网站上，可开设专门的心理健康网络课程。学生可以查阅相关文字、图片、视频资料，也可以在网上留言、聊天。教师则通过回复、释疑等方式，进一步实现师生间的沟通和互动。

（四）体验式教学在应用过程中的要求

体验式教学法的情景创设能够让学生在心理健康教育课程教学中真实的体验到情感变化，进而由于自身的情感感动而采取行动，通过行动进行思考、体验以及感悟，从而理解相应的心理健康教育方面的知识与技能，促进自身的健康成长。在体验情境的创设过程中，教师应该以教学为目的，通过有效的组织和引导，以达到提升学生体验感悟能力的目的。而且，在具体的心理健康教育课程教学中，教师要以学生为中心，做到以人为本。

综上所述，体验式教学以学生为主体，以活动为载体，让学生通过自己的感受去领悟知识。教师在"体验式"教学中不再是单一的指导者，而是提问者、协调者和建议者。教师通过精心设计的体验式教学环节，以启发式、互动式、感悟式等教学手段为学生提供大量的自助、他助、助人的机会，为学生充分创造自主探索、协同探索的学习空间；并在教学过程中营造良好的师生关系、和谐的同学关系，使大学生在轻松、自由、快乐的气氛中健康成长。体验式教学借鉴吸收了生命哲学、情感心理学、后现代知识论、对话理论关于体验特征与意义的深刻论述，对于知识学习、人格健全、完整生命的成长与发展具有不可或缺的意义，尤其适用于大学生心理健康教育。

三、体验式教学在大学生心理健康教学中的应用

体验式教学在大学生心理健康教学中的应用能够通过情景创设以及体验思考的方式来引导学生通过切身体验、思考、感悟来理解心理健康知识，以此达到更好的心理健康教学目的。

（一）体验式教学应用于大学生心理健康教学的主要方法

1. 角色扮演体验法

1960 年，美国精神病学家莫瑞诺提出了角色体验，其内容是：使人暂时置于他人的社会位置，并按这一位置的要求方式和态度处事，从而增进对他人社会角色及自身角色的理解，以帮助自己更好地理解自己的社会角色。而角色扮演体验法则源于美国教育理论家约翰·杜威的经验教育和心理学的角色扮演理论。角色扮演体验法在心理健康教学中的应用，就是指在教师的指引下，将学生在学习、生活以及社交中遇到的疑惑、冲突、困扰等运用心理学知识技巧进行情景创设，而其中的角色则由学生自己扮演，让学生切身参与模拟环境中进行观察、体验、思考等，以此帮助学生去理解一些心理冲突产生的缘由，以及明白不同个体、不

同事件、不同行为所产生的不同结果,和对这些问题的看待方式等,在切身实践中获得真实的体验与感悟。

2. 情景互动体验法

体验式教学的基础就是情景设计,情景就如同一场电影的剧本,它是演员出色表演的基本前提。所谓的情景互动体验发法,就是指教师以学生的实际生活为基础,在学生可接受的能力范围内,针对他们经常遇到的一些心理问题创设活动情景,在注重学生相互交流和互动的基础上让他们切身参与其中,以此让他们获得真实的心理体验。将体验式教学法运用于心理健康教学中时,教师要将心理学的理论和学生生活的实际相结合,以此创设出新颖有趣的场景,让学生在创设的氛围中投入演出,获得深刻体验。

3. 案例分析体验法

教师将与教学内容以及学生面临的主要心理困惑相关的案例在课堂上与学生一起分享,让学生从他人实例受启发,进而剖析自己所遇到的问题,这就是案例分析体验法。在运用案例分析体验法时,教师所起到的作用不仅仅是给学生讲述案例,还要注意引导学生对案例进行阅读和思考,并倡导学生以角色互换的思维去想"如果是我将怎么办",通过这样的过程促使学生积极思考自身的问题。另外,案例分析体验的过程中要鼓励学生积极大胆的讨论,分析探讨不同的意见与看法。这一过程能够拓展学生的思维,让他们对自身问题进行多角度思考,并且通过互相交流,共同成长。

(二)大学生心理健康教育中运用体验式教学应注意的问题

首先,前期准备要充足。对学生而言,体验式教学新颖、有趣,能够在轻松愉悦的氛围中学习心理健康知识,但是,对教师而言,却增加了很多的压力。体验式教学成功与否,其关键在于是否拥有一个好的情景设置。情景设置不仅要符合教学要求,还要结合学生生活实际,另外,实施过程中还要场地和工具的充足性等,这些都需要充足的前期准备,这是体验式教学顺利开展的保证。

其次,结合学生的实际生活进行情景创设。要确保情景设置的新颖性、对学生的吸引性以及有效的教育性,教师必须将情景的设置与学生的实际生活相结合,并且要考虑学生年龄和心理特点。如果情景设置脱离了学生的实际生活,那么,在创设阶段就会让学生感到困难,这就很难让学生在情景实施的过程中充分积极的参与,学生会感觉情景的内容与自己是无关的,如此,无法获得深刻的体会,也不能解决学生所遇到的实际的心理问题。

再次，注意学生的个体差异性。个性差异性问题在实施体验式教学时最容易被忽略。情景的创设通常都是根据学生遇到的普遍性问题而设置的，这样，大家可能只会注意到那些积极主动且大胆的学生，无法体现个体性的差异。在体验式教学中要注重以人为本，要关注每一个个体的发展，情景实施中要注意每一个学生的不同反应，解决每个学生的心理困惑，要以学生的不同特点，灵活操控情景的实。

最后，引导学生进行总结和反思。情景结束后的总结和反思能够让学生更深刻地理解自己参与的情景所蕴含的寓意，这一环节能够让学生透过情景设置中的现象看清问题的本质，以此达到有效的心理健康教学目的。

（三）体验式大学生心理健康教学模式的应用策略

为保障体验式大学生心理健康教学模式目标的顺利实现，可采用以下教学策略：

1.情境教学团体互动，让学生养成主动学习的习惯

为了提高学生参与的主动性和积极性，我们在课程中通过创设与学生实际相关的情境入手，引导他们思考与日常生活与学习密切相关的问题，先激起他们强烈的学习动机和学习兴趣，把注意力和兴趣集中到课堂内容中，再一起进行具体环节的探讨和学习。在课堂教学中，通过小组讨论，脑力激荡，师生、生生对话，互动分享等方式，让学生的注意力和兴趣始终围绕课堂内容，并始终保持高度的积极性。

运用团体动力学原则，引导学生主动参与课堂活动，形成学生与教师之间的双向交流和互动。这种方式有利于形成活跃、宽松、平等、和谐的教学情境，还可以将学生现有的知识和经验通过交流充分展现出来，有利于学生相互吸收、相互学习，而且在反思中生成新的知识。

2.关注学生情感认知，让学生成为课堂参与者

在以往的心理健康教育教学中，单向传递通常采用灌输的方式，很少涉及学生的认知感悟和情感体验，这就容易泯灭学生学习的主动性和积极性，使他们成为被动的接受者。而体验式心理健康教学模式强调学生的心理感受、情感体验、认知感悟和反思内化等心理活动。在课堂，学生不再是被动的接受者，而是课堂的主动参与者。

3. 注重师生互动交流，让学生分享学习的经验

体验式心理健康教学模式通过开展小组讨论的形式，采用自我表露、头脑风暴等方法，让学生在交流和互动中充分分享彼此的经验，不仅分享他们以往的经验，还分享在学习中获得的新体验。与同学、老师互动和分享，有利于学生激发新的经验，促成自我成长。

4. 运用反思整合经验，让学生构建自我认知体系

以创设的情境问题为素材，引发学生对自我的认知方式、心理状态、情绪调节过程和问题处理方式，以及对自我的影响进行反思。通过自我反思的过程，对自己的实践经验进行理性化，并将新旧经验加以整合，纳入自己的认知系统，最后形成个性化的个人心理理论。学生可运用多种方式进行自我反思，微博、网络日志等形式的"反思日记""反思记录"都是反思形式。

5. 实践检验自我修正，让学生熟练运用知识于日常

心理健康课程的目标是为了解决学生的实际问题。课题形成的理论，需要在日常生活中进一步检验，进一步修正自己处理心理问题的方式。体验式心理健康教学模式引入角色扮演、心理 AB 剧等多种形式，让学生运用学习到的心理健康教育知识，应用于自身人际、情绪、自我认知等方面，并在应用中不断进行自我反思，形成自己独特的自主心理教育的模式。

人的心理活动是一个动态复杂的过程，以上各个环节应该是呈现螺旋式加深的过程，且各环节可能按不同顺序交替进行。因此，在整个体验式心理健康模式教学中，需要师生和生生之间加强反馈互动，大学生在进行心理健康自主教育的过程中，心理健康教师更需要发挥其专业追踪指导作用。

综上所述，应用体验式心理健康教学模式，激发学生主动性和参与性，让大学生成为解决自身心理问题、维护自身心理健康的实践者，这与心理辅导"助人一自助"的理念不谋而合。大学生成为自身心理健康的"舵手"，能有效激发大学生的自我潜能，有助于大学生心理素质的提升和良好人格的培养，有助于我国高校心理健康教育课程目标的顺利实现。

第二节　大学生心理健康教育信息化教学模式

当前我国正处于社会转型、竞争加剧的新时期，高校学生在生活、学习等方面都面临着更多的挑战，其心理状况也不容乐观。在互联网时代背景下，随着大学生心理健康问题日益凸显，探讨如何将大学生喜闻乐见的新媒体、自媒体等信息化教学手段运用到心理健康教育课程中去，激发学生的学习兴趣，调动学生参与的积极性，提高大学生心理健康教育课的教学效果具有十分重要的现实意义。本节结合当前高校心理健康教育现状，探索了信息化教学模式在大学生心理健康教育中的应用策略，以提升大学生心理健康课堂教学效率及大学生的心理健康水平。

一、信息化教学模式

教学信息化，即将信息技术手段在教学的过程中使用，使数字化贯穿于教学环节，旨在提高教学的质量和效率，增强教学效果。其以现代教学理念为指导，在信息技术手段的支持下运用现代化教学方法。在信息化教学过程中，需要将内容、模式技术、评价、观念、环境等因素皆达到信息化水平。

信息化教学模式是以建构主义理论为基础，协作、情景、会话和意义建构四个要素构成学习环境。信息化的教学模式的过程是以学生为中心，在教师创设的协作、情境与及会话的学习环境中，每位学生充分发挥其积极性与主动性，建构当前所学的知识并用学到的知识解决实际问题。在教学过程中，教师由知识的传授者、灌输者变为使学生主动获取信息的帮助者、推进者，学生由被动的接受者和知识的灌输对象变为信息加工的主动者、知识意义的构建者；传统教学模式中的知识是教师传授的内容，而在信息化教学过程中学生主动建构意义的对象（客体）成为知识；教学过程由灌输式传授转变为通过创设情境、问题探索、协作学习、构建意义等以学生为主体的过程；多媒体等教学工具的作用，也由作为教师授课的演示工具转变为学生自主学习、协商探索、构建意义、解决实际问题的认知工具，学生用这些信息化工具来查阅资料、搜索信息、进行协作式学习和交流。

二、当下大学生心理健康课堂教学模式存在的问题

（一）心理健康课堂教学模式与学生期望及需求不符

面对心理健康教育课堂教学，大学生一般会带着很高的热情与憧憬来到课堂，

期望通过心理健康教育来解决自己内心存在的迷茫与困惑问题。然而当下大学生心理健康教育课堂教学距离学生的期望依然存在一定的差距，难以满足大学生实际的需要，具体问题表现在以下几个方面：（1）在实际开展心理健康课堂教学前，教师缺乏对大学生实际心理诉求的调研，课堂教学往往根据教材内容照本宣科，缺乏创新性与针对性。例如从大一到大四，处于不同阶段的大学生心理诉求必然存在一定差异：大一学生面临的多是大学生活适应问题；而大四学生则主要面临的是未来人生选择问题，是继续考研还是踏入社会，如何做好现实与理想的平衡等。另一方面，不同专业（如艺术类专业、理工类专业、不同地域（如城市大学生与农村大学生）的学生的心理需求也会各不相同，如何提升大学生心理健康教育课堂教学的针对性，满足学生实际心理诉求，是当下大学生心理健康教育课堂教学面临的一大问题。（2）传统的大学生心理健康课堂教育过于注重对学生心理健康问题的分析，而忽略了大学生心理素质的提升。事实上，当前大学生在心理上面临的问题能够真正上升到"心理健康问题"高度的只是少数，更多大学生面临的只是各种心理困惑、心理负担，只需要教师及时进行疏导，采取有效措施提升其心理素质，上述这些问题都可迎刃而解，避免心理困惑升级为心理健康问题，若教师只关注心理问题本身而忽略学生积极的心理品质培养，反而不利于帮助大学生解决实际问题。

（二）心理健康课堂教学方法单一，难以激发学生学习兴趣

在大学生心理健康教育课堂教学改革过程中，受传统"理论型、知识型"教学理念影响，教师教学方法过于单一，往往只注重心理健康知识的灌输，没有充分考虑大学生心理健康教育的实践性。在课堂上缺乏与学生的实际互动，学生只能被动接受心理健康理论知识，枯燥无味的理论性教学模式难以真正激发学生的心理体验，致使大学生对心理健康教育课堂教学兴趣缺乏。还有一些心理健康知识基本属于老生常谈，例如人际关系维护理论知识，类似于这样的知识学生在初中、高中已经接触过一些，因此再次进行理论知识教学难免会让学生感到枯燥，甚至反感，严重限制了大学生心理健康教育的作用与价值发挥。

（三）心理健康课堂教学模式信息化水平低下

从大学生心理健康教育课堂教学现状来看，依然存在信息化水平低下的问题。很多大学心理健康教师在进行课堂教学时，往往只采用简单的多媒体方式进行教学，如利用PPT进行授课。这种方式虽然在一定程度上提升了学习效率，减轻了教师教学负担，但离满足实际教学需求依然存在一定差距，具体问题表现如下：

（1）课堂时间分配。如今大学生心理健康教育涵盖内容广泛，同时需要将知识点进一步细化，才能确保学生能够对知识加以领悟、理解。再加上如今心理健康教育教学主张采用多种教学方式进行教学，因此受限于当下心理健康课堂教学模式信息化水平低下，课堂时间分配面临一定压力。（2）心理健康教学优质资源短缺。当下的大学生心理健康教育课堂教学由于信息化水平低下，难以对不同高校优质心理健康教育资源进行统一的整合，对教学效果造成一定影响。（3）不利于学生自主学习能力培养。传统的课堂教学模式由于信息化水平低下，学生只能在课堂之上进行心理健康教育学习，在课下由于缺乏有效的引导，致使学生难以达到良好的学习效果。

三、信息化教学手段在大学生心理健康教育中的应用

自2015年3月5日的十二届全国人大三次会议上，李克强总理在政府工作报告中提出"互联网+"行动计划后，中国教育全面迈入了"互联网+教育"时代。为深入贯彻落实党的十九大精神，加快教育现代化和教育强国建设，推进新时代教育信息化发展，引领推动教育信息化转段升级，提出教育信息化2.0行动计划。

信息化教学手段主要以现代信息技术为基础，将多媒体技术、网络技术、虚拟现实技术、人工智能技术等应用于教学过程，教学双方在信息环境下的合作互动，将内容传授的人性化放在了核心位置，突破了传统教学手段的时空局限。

（一）移动教学

移动教学即利用智能移动设备开展教学活动的教学模式。在国家大力推动教育信息化的进程中，诸多移动教学终端如雨后春笋般涌现，如蓝墨云班课、雨课堂等教学助手。这里以雨课堂为例，详细阐述移动教学助手在大学生健康教育课中的应用。

课件的实时共享。雨课堂可以实现教学内容的实时共享，将课件上传至雨课堂，学生通过手机就可以看到多媒体正在播放的课件内容，且课件可以进行收藏并永久保存，学生不仅在课上还可以在课下进行复习巩固。

师生课堂实时互动。通过雨课堂，任课教师可以设置问题、互动活动等，引导学生积极参与课程教学，从而提升学生的学习效果。

学习效果实时反馈。学生对于听不懂、学不会的知识点可以通过标记"不懂课件"来进行反馈，任课老师能看到学生的反馈结果，从而针对学生的学习情况进行有针对性的讲解，达到更好的教学效果。课后，学生还可以撰写学习心得，

将自己的感受、体验及学习情况更全面地反馈给任课老师，从而达到教学相长的目的。

（二）微课及教学视频的应用

微课是教学内容的碎片化，通过短视频讲解清楚1~2个知识点。同时还包含与该教学主题相关的教学设计、素材课件、教学反思、练习测试及学生反馈、教师点评等辅助性教学资源，具有学习形式碎片化、学习内容可视化、学习形态结构化、学习方式非线性的特点。将微课教学模式应用到高校心理健康教育课中，碎片化的教学内容可以减轻学生的认知负担，在一个时间段针对一个重点或难点进行深入的探讨和学习，也可以增加学生的学习深度，便于知识的实践与运用。

（三）QQ、微信平台辅助教学

QQ与微信不再仅仅是人们日常联络的工具，越来越成为沟通信息、交流思想、发布观点的平台。在大学生心理健康教育课程中，教师可以利用QQ、微信等平台，了解大学生存在心理健康问题以及关心、关注的热点、焦点问题，有针对性地进行指导，达到更好的教学效果。

在实际教学中，笔者专门为所带班级学生建立了个QQ群，一方面，在课余时间通过QQ群与学生们聊天交流，探讨热点话题。学生们可以畅所欲言，充分表达自己观点和想法，有助于及时掌握学生们的思想动态。同时在互动的过程中也建立了友谊，使学生更愿意将自己心里的真实想法表达出来。另一方面，笔者也经常通过QQ群分享一些精彩网文、精彩短视频，也鼓励其他同学将好的资源发布到QQ群上，实现优质资源的共享。

（四）引入"慕课"教学模式

针对当前大学生心理健康教育课堂教学模式信息技术水平低下、影响课堂教学效率问题，通过引入"慕课"教学方式，实现大学生心理健康教育课堂教学模式由"线下"完成"线上"的转变，体现现代教育教学与学习方式的变革。大学生心理健康慕课凸显了两个理念：（1）共享，即优质教育资源的共享。借助现代通信技术，整合名校名师多种专业教育资源，为大学生心理健康课堂教学提供了有力的信息资源支持，实现心理健康教育的覆盖。（2）自主，即凸显了学生自主学习能力。学生通过慕课，在接受学习的过程中有效打破了时间、空间的限制，更有助于培养其自主学习精神，彰显学生课堂主体地位。另一方面，慕课作为一种新型的课堂教学模式，在授课上采取的是混合式教学，包括视频课程、直播课程、线下互动课程等，使得体验式教学模式得到了全面的实现。尤其是在慕课课堂教学模式下，其有效融合了声音、视频、教学案例等，能够引发学生情感共鸣，对课堂教学效率提升具有重要的作用。

四、运用新媒体进行大学生心理健康教育改革

（一）新媒体的心理健康教育优势

1. 丰富了教学内容

依靠新媒体进行大学生心理健康教育可以获取更多的教学资源，丰富教学内容，提升心理健康教学效果。教师依靠新媒体教学，可以通过网络搜寻与心理健康教学有关的资料，包括但不限于文字、视频等各类资源，可以有针对性的选择案例对学生进行心理健康教育，更快的帮助大学生适应大学阶段的人际关系、适应大学的教学方式，帮助学生更好地学习心理健康知识，引导学生更快的调整心态以树立正确的价值观。

2. 丰富了教学模式

与传统的心理健康教育模式不同，依靠新媒体进行教学，教师可以解除地域限制，构建心理健康咨询、教育平台进行线上的交流，更方便帮助解决大学生的心理健康疑问，完成相关的心理健康教育工作。传统的心理健康教育往往是线下进行师生面对面的交流沟通，学生往往因为不信任和畏惧教师而缺乏与教师沟通的勇气，这影响了大学生心理健康工作的开展。而通过新媒体教学平台可以让学生大胆地咨询获得相关知识，达到心理健康教育的效果。

（二）运用新媒体进行心理健康教育改革的途径

1. 合理运用新媒体

部分高校对心理健康教育的教学不够重视程度，教师在进行教学时也是运用传统教学模式，对心理健康相关的基础理论知识进行照本宣科式的讲解；学生也未能对心理健康教学内容进行深入的探讨，仅仅对理论知识进行记忆以应对考试。教师的不重视和学生公共课的忽视，导致在实际教学中，心理健康教师不能积极使用多媒体对学生进行心理健康教育，授课内容往往只是课本知识而不能结合当前最新的实际案例，教学内容缺乏时效性。

新媒体能改变心理健康课程效率低且课堂氛围低沉现状，运用新媒体能有效调动学生对心理健康知识学习的积极性。新媒体对大学生的心理健康教育工作开

展具有积极的促进作用。在教学过程中，心理健康讲师可运用新媒体对学生生进行正向引导，通过新媒体及时掌握学生的学习动态，有效了解学生的心理健康状态，有效预防心理危机事件的出现。教师可以通过建立QQ或者微信聊天群对班级内的学生进行了解，引导学生积极与教师沟通，及时开展心理健康教育工作。大学生的心理健康教育不单需要进行相关的理论教学，也需要教师针对学生的实际问题提供咨询和帮助，有效解决大学生的心理健康问题。

在实际教学时，心理健康教育工者作可以将心理健康教学平台当做一个资源共享和线上教学的平台，有效使用平台模块进行交流，给学生进行心理健康教学和心理咨询服务，有效利用心理健康教育各种资源。在日常教学过程中，教师要坚持以学生为中心，了解学生的心理健康状况和心理动态，通过与也可通过周边的人了解学生的心理健康情况，有效地预防心理危机事件的发生，提升学生心理健康素质。

2. 加强心理健康教育教师队伍建设

为了更好地推进心理健康教育教学改革，高校可利用新媒体对心理健康教育的教师进行技能培训，组织教师成立心理健康教学改革小组，多向其他高校学习有效地心理健康教育教学经验，多总结经验，提升教学效果。同时，教师需要转变教学模式，积极通过新媒体与学生进行多方面的沟通交流，或通过旁敲侧击了解学生的心理状态，对学生的心理健康进行测评，及时发现问题。

新媒体教学平台对于高校学生的心理健康教育具有促进作用，但是一些高校对心理健康教育不够重视，校内未能构建或未能完善相应的心理健康网络平台，使学生无法利用网络平台进行心理健康学习和心理问题咨询，影响心理健康教育工作的开展。教师需要加强对于新媒体教学平台的重视程度，积极推进新媒体教学平台的建立，促进心理健康教育教学改革。教师不应该仅局限于课堂的理论知识讲解，而应该多引导学生通过分析典型案例来学习心理健康知识，提升教育教学效果帮助提升心理健康水平。

综上所述，信息化教学手段是未来发展的必然趋势，也将是未来教育发展的重要内容。它为创新教育提供坏境和保障，为人才培养提供条件和途径，为促进教育产业信息化发展提供了极大的机遇。信息化教学不只是简单的利用电子设备实现教学过程，而是借助其学习多样化的形式来提高课堂效率，提升个人学习能力，使学生乃至教师的视野更加开阔，学习资源更加丰富。但是，我们也要正确认识信息化教学的内涵，不能"为了信息化而信息化"，将信息化的教学手段应用到课程教学中，努力实现信息化教学与传统教学模式的深度融合。

第三节　"互联网+"时代大学生心理健康教学模式探索

心理健康教育是大学生教育的重要内容。进入互联网时代，大学生的心理健康教育也必须与时俱进，与当前的大学生学习特点相吻合，才能更好地发挥心理健康教育的作用，提升大学生的心理健康教育素质。大学生作为我国的未来，在互联网环境下，由于各种思想的侵蚀，在思想价值观念方面普遍受到了影响，进而对于大学生群体的心理健康带来了显著改变。在这一形势下，要提升大学生心理健康教育成效，必然需要对大学生的心理健康教育模式进行创新。

一、互联网对大学生心理健康的影响

（一）互联网对大学生心理健康的积极影响

互联网对当代大学生心理健康带来的影响具有一定的积极性。首先，借助互联网工具，大学生能够与远在千里之外的父母、同学、朋友等进行在线沟通与交流，因而更加便捷，每当自己遇到心理问题时，可以及时向自己的同学好友倾诉，有利于大学生养成健康的心理；其次，伴随着现代互联网的发展，功能越来越广泛，比如各种论坛、APP软件等，为大学生心理压力的释放提供了一大途径，大学生可以通过网上冲浪释放自己的心理压力。最后，借助互联网，大学生可以便捷地进行购物，能够为大学生节省更多的时间，从而提升大学都会的时间利用效率，这样大学生便有更加充足的时间从事自己的兴趣爱好和专业课学习，这对于促进大学生心理健康的成长也具有积极作用。

（二）互联网对大学生心理健康的消极影响

互联网就像一个大染缸，汇集了世界各地五花八门的信息，这些信息对于大学生的心理健康成长有积极的影响，当然也有消极的影响。最为直接的表现便是，当前很多高校的大学生都沉迷于网络游戏不能自拔，甚至很多大学生因为沉迷网络游戏而荒废学业，最终退学。由于我国教育体制的影响，在大学生群体中普遍认为大学就是享受的天堂，因而完全放飞自我，将主要的精力都放在了学习以外的地方，在万千的互联网世界中迷失自己，找不到正确的方向；其次，在互联网时代下，部分大学生受到互联网的功利思想影响，致使个人的思想变得功利化，不论是在学习上还是在生活中，总是将个人利益放在最重要的位置，集体主义丧

失，国家观念淡化，这对于当代大学生的心理健康成长带来十分不利的影响。

二、网络环境下大学生心理健康教育的不足

（一）脱离实际

脱离实际是当前大学生心理健康教育存在的最显著的问题，网络的普及使得大学生在互联网上的活动越来越多，心理健康受到网络因素的影响也越来越明显。但是在心理健康教育当中，基本上还是沿用传统的思想和方法，对大学生进行一些表层化的心理健康教育活动。这些表层化的心理健康教育已经被大学生所熟知，不能发挥出太大的教育作用。此外，心理教学的方式脱离了学生对网络的依赖特征，利用学生没有兴趣的方式展开教育活动，不可避免的导致学生参与度低下，不能取得可观的教育效果。

（二）教育面窄

大学生心理健康教育目前着重于心理健康这一方面，即更多集中在心理健康教育这一层面。但是心理健康教育除了心理健康教育之外，还包含了心理素质教育，而后者才是心理健康教育的重点所在。大学生本身在思想道德和心理水平方面已经达到了较高的层次，具备了一定的辨别能力，可以在学习生活中分辨出哪些好，哪些不好。但仍有学生被不好的因素吸引，其根本原因在于心理素质不过硬，而并非心理不健康。所以，大学生心理健康教育需要从健康教育转向素质教育。

（三）脱离学科

心理健康教育虽然主要是针对学生的心理素养进行教育，但是在教育过程中也不能忽视学生的专业学科，只有二者融合起来，才能为学生构建一个整体性的教学框架。目前大学生心理健康教育基本上是独立展开，依托心理咨询室和心理辅导老师进行，和专业学科教学基本上没有产生联系。结果使得心理健康教育较为薄弱，容易遭受外界因素的影响冲击，也会让学生对其认识产生误差，形成不重视的心态，不利于心理健康教育的开展。

三、大学生网络行为存在的主要心理问题

（一）沉迷于虚拟网络世界

现实中的社会既具体又复杂，而当大学生进入大学并接触社会之后，思想中曾经所谓的"理想化"的社会需求无法得到满足，现实性与理想性发生较为激烈

的冲突时，他们的心理往往会失衡，找不到自我存在感，从而会不自觉或是自觉地采取躲避态度，把精力投入网络所提供的模拟现实社会世界的"虚拟世界"中，在虚拟的电子网络空间中寻求实现自我、实现理想的途径。如此，众多大学生宁可把在现实社会中所碰见的各类问题、困难等放到"虚拟世界"中来寻找解决办法，并且任意发泄心中的不满，从而沉迷于网络。

（二）人格异化现象的出现

对于未经世事的众多青年大学生而言，初入社会，他们的自我道德约束能力在一定程度上还是比较脆弱的。其心理需要结构也在时刻发生着变化，价值观念在一定程度上还不够成熟完善，人生观、世界观还没有真正成型，时常处于迷惘、抉择和波动的状态之中。同时，其情感以及情绪的变化起伏较大，很容易受到周围环境诸多不良因素的影响，尤其是在电子网络的诱惑下，他们对自己的道德约束可能就会有所放松，因而道德行为上的庸俗化及恶化就会出现，甚至其人格在某种环境里会在一定程度上出现异化。

（三）利用网络达到宣泄心中情绪的目的

电子网络具有隐蔽性、方便性以及快捷性等诸多显著特点，而大学生在网络上可以把自己隐藏起来，尽情地宣泄心中的不满或是烦恼，还可以不用在乎任何人。另外，大学生在网络上可以用不尽相同的身份来结交或认识众多来自不同地区的朋友，彼此之间交谈感情、人生甚至是心理的隐私。在网络上，他们不必因为自身容颜的丑陋或是囊中羞涩而感到惭愧或是自卑，他们之间可以畅所欲言以达到满足情感上的交流以及宣泄心中不满情绪的目的。

四、互联网时代大学生心理健康教学创新模式

（一）借助互联网扩大心理健康教育辐射面

在互联网时代，要提高大学生心理健康的教育成果，必然需要对当代大学生的心理健康教育模式进行创新。对此，在未来的大学生心理健康教育过程中，可借助互联网这一广阔的平台，积极扩大对大学生心理健康教育的辐射面，从而切实提升大学生心理健康教育成效。互联网能够将各种资源进行有效整合，因而在当代大学生心理健康教育中，可根据学校的大学生心理健康教育开展情况，对各类资源进行整合，从而形成专业的大学生心理健康教育团队，对各高校的大学生心理健康状况进行动态评估，及时发现大学生群体中存在的心理健康问题。然后，

结合观察到的一些心理健康教育问题，借助互联网对大学生进行积极的心理咨询，扩展心理健康教育的辐射面，真正提升大学生心理健康教育成效。

（二）利用网络教学资源提升心理健康教育成效

互联网实现了各校各类心理教学资源的有效整合，因而在互联网时代，开展大学生心理健康教育就要充分利用高效的这些网络资源，从而针对各高校大学生的心理健康状况进行专业评估与教育，切实提升大学生的心理健康教育成效。比如，可以利用高校的心理健康网络教学资源，结合大学生心理健康现状，开展针对性的心理健康教育讲座，由此帮助当代大学生了解心理成长发展的规律，掌握自己的心理健康状况，能够根据心理状况改变进行针对性的调节，从而提升心理健康水平。此外，借助互联网这一工具，还可以将心理学专业的专家老师组织起来，通过构建在线平台，让专家学者定期诊断大学生的心理健康状况，由此利用专业教学资源，提高大学生心理健康教育成效。

（三）构建心理健康教育平台普及心理健康教育

互联网的特征之一便是通过整合各类信息资源，形成一个公共平台，满足各种需求人群。所以，在互联网时代的大学生心理健康教育，要充分利用互联网的这一特征，构建心理健康教育平台，根据大学生的心理健康需求，丰富该教育平台的各项功能，针对大学生进行心理健康教育，从而切实提升大学生心理健康教育成效。通过借助互联网，构建大学生心理健康教育平台，实际上是起到一种综合的教育效果，比如通过该平台将高校的各类资源整合在一起，实现资源的优化利用；同时，加强高校大学生心理健康教育师资队伍建设，提高心理健康教育水平。同时，积极利用互联网上的视频、音频等教学资源，真正提升大学生心理健康教育水平。

在互联网时代，大学生的心理健康状况也体现出多样性变化，这对于高校大学生心理健康教育模式提出了更高的要求。对此，本节结合互联网时代大学生心理健康状况，对于如何在互联网时代创新大学生心理健康教育模式进行分析，希望以此提升我国高校大学生心理健康教育水平，促进大学生群体心理健康成长。

（四）利用网络实现心理教育和专业教育的结合

心理教育不能脱离学生专业而单独存在，这样达不到较好的效果。所以可以借助网络，实现心理教育和专业教育的结合。首先，可以在校园网上建立院系网页和心理教育网页的连接，共同开辟一块学科专业心理教育的专栏，实现二者在形式上的结合。其次，在学科专业教学中，教师也应当适当渗透心理教育。比如在学生学习中，可以设置一些超出学生水平的问题，让学生遭遇挫折，由此磨炼学生的挫折意识，增强心理素质。最后，心理教育工作者要和专业学科教师加强交流沟通，就学生的心理状态变化及时交换信息，并且就教育手段进行协商，确保能够推动学生心理建设发展。

（五）利用网络提高心理健康教育针对性

网络是一种非常便利的教学工具，可以从中获得很多需要的资源。在心理教育中，就可以使用网络加强教育针对性，使心理教育贴合学生需求，获得学生支持。首先，可以从网络上查找关于大学生心理素质的文献资料，通过这些资料文献，可以由彼及此分析本校大学生的心理素质状况，为心理教育铺垫基础。其次，根据学生依赖网络的特征，可以实现网络化的心理教育。例如可以建立心理教育微信公众号，并建立心理教育讨论群组，由此营造一个基于网络的私密空间，实现一对多或一对一的心理教育辅导，落实心理教育活动。

大学生心理教育目前还是存在不少问题，尤其是在网络环境下更显突出。对此，需要对网络进行合理利用，提高心理教育针对性、扩大心理教育覆盖面以及实现与专业学科教学的结合，促进心理教育水平提高。

第四节　翻转课堂在大学生心理健康教育课程中的应用

心理健康教育课程是以促进大学生心理品质的提升，预防心理问题的发生，使其身心灵和谐发展的教育教学活动。其课堂教学模式必须在遵循一般教学规律的基础上，导入先进的教学思想和教育理念，运用现代教育技术，以突出心理健康教育内容的特殊性进行构建，重视教学活动中学生的主体性，强化学生对教学活动的主动参与，以实现心理健康教育的良好教学效果和积极发展的教学目标。

一、翻转课堂概述

（一）翻转课堂的概念及特点

翻转课堂又被称为反转课堂、颠倒课堂。在传统教学中，首先教师在课堂上给学生讲授知识，然后学生依靠课后巩固复习以及课后练习内化吸收。而翻转课堂是对这种教学顺序进行颠倒的一种新型教学模式，变"先教后学"为"先学后教"，知识传授这一环节放在课前由学生自行完成，学生在这个自主学习的过程中必然会产生各种问题，然后利用课堂时间与教师、同学讨论，从而解决问题。

笔者通过对这种教学模式本质的分析，发现它具有以下特点：①颠倒传统教学流程。即"教师先讲学生后学"的教学流程转换为"学生先学教师后教"。②教师与学生地位发生改变。传统的课堂通常是教师的"一言堂"，学生处在一个被动的位置，呈现出来的局面主要是教师讲、学生听。在翻转课堂教学理念的支持下，学生可以根据自身的能力、需要主动选择所需要的学习资源并调控自身的进度，然后在课前自主观看、学习，他们成为真正的探究者与主导者。③体现混合式学习特点。混合式学习强调在线学习与传统学习的整合，倡导多种学习技术、教学方法与各类媒体工具的结合。这些是翻转课堂表现出来的特点，也是它的应用优势。

（二）翻转课堂教学模式的教育理念

在引进翻转课堂教学模式过程中，我们所做的不是照搬照抄这种教学模式如何开展，而是学习其背后的教育理念。若人类的认识永远只限于表面的东西，我们将永远发现不了真理。每种教学模式的背后都蕴含着一定的教育理念。只有实现对翻转课堂教学模式背后教育理念的深度剖析，我们才能真正做到结合本国的实际情况很好的实施翻转课堂。

1. 翻转课堂彰显了学生的主体性原则

教育中首要关注的是人的问题。学生是现实社会中的人，是发展中的人，是有独立人格的人。活动是人的存在方式，"活动教学论从生存论的角度，倡导以主动学习为基本的习得方式，让课堂焕发生命的活力，主张以主动探索的发现和解决问题的方式掌握人类长期积累起来的关于自然和社会的系统知识"[1]。教学活动应该是师生之间互动的共同的活动，是"主—客—主"的模式。

在传统课堂里，学生以"静坐"的方式接受知识，一切活动都由教师一手"操办"，学生接受。学生成为被学校和教师"塑造"的对象，成为了考试的对象。没有通过学生自己活动的学习方式必然不会与学生发生真正的生命际遇。在翻转课堂教学模式下，学生在观看教学视频过程中学生可以根据自己的实际掌握情况进行学习。无论是课前学生视频的观看还是课堂中学生的协作活动，不同的活动使学生获得了自己建构知识的过程。学生成为自己学习的主人，学生的主体意识得以展现和增强。

---

[1] 冯建军. 教育的人学视野 [M]. 合肥：安徽教育出版社，2008：46.

2. 翻转课堂体现了课堂交往性原则

教师不是作为知识的权威者的教师引导被教育者的过程，不是对学生的改造和塑造的过程，而是师生、生生之间思想的对话、意识的生成过程。在此过程中，学生才是独立人格的个体，才是真正的"人"。在教学的过程中，只有教师与学生实现真正的对话，学生独立的人格才会显现。

人作为社会发展到一定阶段的产物，交往是人的本性。传统课堂里，学生与教师的交往是不对等的。在翻转课堂里，教师成为学生真正的"导师"，引导学生进行深度的学习和交流。教师不是知识的权威者，而是学生学习的"引导者"。在翻转课堂里，在学生遇到问题的时候，教师给予及时的帮助；课堂中不同的活动方式，譬如小组讨论等协作活动，学生的交往中展现了自己的思想和价值。无论是教师与学生之间的交往还是学生与学生之间的交往都使学生在在交往中实现对知识的掌握和内化。

3. 翻转课堂体现了公平性原则

在这里公平是只向课堂中学生与学生受到平等对待的权利。公平即合理的处理事情，不偏袒一方。美国哈佛大学学者罗尔斯提出横向公平与纵向公平。横向公平指处于相同情境的人所享受平等的待遇，纵向公平指处于不同处境的人应受到不相同的待遇。在纵向公平下，我们可以采取补救措施等。正如联合国教科义组织《学会生存》一书所言明的："给每一个人平等的机会，并不是指名义上的平等，即对每个人一视同仁，如目前许多人所认为的那样。机会平等是要肯定每一个人都能受到适当的教育，而且这种教育的进度和方法是适合个人的特点的。"[①]

班级授课制在一定程度上可以保证学生在固定的场所接受相同的教育。然而由于学生资质的不同、理解水平的差异，学生对知识的掌握和理解呈现不一样的程度。再者，由于教师自身的特点表现出对每个学生的关注度也不一样。在大班制教学模式下，越来越多的学生出现厌学的情况。如何对存在学习困难的学生提供及时和适时的辅导在翻转课堂里找到了出路。

在翻转课堂教学模式下，教师制作的视频学生可以根据的自己的情况学习。这对于学习理解慢的学生来说，他们可以反复学习直到理解为止。课堂上不同的活动可以使学生拥有平等的表达思想的权利，小组间学生的交流及遇到问题及时向教师请教等都给予了学习存在困难的学生一个展示自我的平台。当他们证明了

---

① 张人杰. 国外教育社会学基本文选[M]. 上海：华东师范大学出版社，1989：270.

自己的能力，由自身而发的自信心得到增强，自我成就感不断增强。

4. 翻转课堂让课堂真正的"对话"成为可能

建构主义认为，学习是知识的建构，知识需要与学生发生真正的相遇才能成为学生自己的知识，它强调师生平等的对话。对话的实质是双方的内心世界的敞开是对对方真诚的倾听和接纳，在相互接受与倾吐的过程中实现精神的相遇、相同。师生之间要发生真正的交往需要的是一种民主、平等、和谐的环境。在民主、平等的条件下师生双方、学生之间才能彼此打开心扉，相互接受，达到思想上的共鸣。若在课堂上教师采用强制、命令等方式要求学生，学生则被迫接受。长久以来学生变得在课堂上沉默，不敢表达自己的观点。在传统课堂里，教师与学生的交往局限在教师的提问与学生的问答，无法实现真正的对话。

在翻转课堂里，由于学生已在课前完成知识的学习，学生回到课堂里不再是毫无准备的状态，课堂也不再是教师站在讲台上居高临下对下面学生的"布道"，之前课堂上少有的课堂互动在翻转课堂里得以实现。学生之间也存在差异性，正是这种差异性才使对话变得更有价值。在对话中，学生之间可以获得丰富的资源，有利于学生思维能力的发展。

5. 翻转课堂使知识的深度教学变成现实

哲学认识论把知识当成外在于学生的成长历程的事实性知识，知识并未与学生发生真正的"相遇"。长久以来，我们都把知识当成知识来教，知识只是事物的符号表征，学生记住这些既定的、确定性的知识。把知识作为一个可以接受的直接结果来教的教学势必影响知识教学的价值与意义。知识从内在结构上由：符号表征逻辑形式和知识的意义三个部分组成。符号是知识的外在存在形式，逻辑形式是知识的认识论系统，意义则是知识核心部分。知识的意义是内隐在符号的价值系统者密切不可分割。传统的知识教学只是停留在知识符号表征上的教学，真正让教学有价值是要使知识的教学到达知识的逻辑意义，进而向知识的意义的教学。

知识的深度的教学即追求知识符号表征、知识的逻辑形式和知识意义三者的有机统一。在翻转课堂教学模式下，知识的学习通过微视频来进行，在课前知识学习阶段完成知识的符号表征的学习及一定程度上的知识逻辑意义的学习。课堂上教师组织的不同学习活动让学生在民主、平等的课堂环境里，通过小组合作、个人展示等实现知识的内化，进而达到知识的深度化学习。

二、大学生心理健康课程面临的困境及翻转课堂的启示

当前由于受各种因素的制约，大学生心理健康教育面临师资不足、学生主体地位无法体现等困境。而翻转课堂的兴起为高校心理健康教育提供了新的解决之道，翻转课堂教学模式的应用为心理健康教学的改革提供了新方向。

（一）学生的个性化学习需求和自主学习的需求得不到满足

学生的心理发展速度和心理健康程度存在较大的差异，在大学阶段面临的心理困扰和问题也不同。目前高校的心理健康教育课基本上是"一刀切"，不同心理成熟度和面临不同问题的学生都需要在课堂上听同一个老师讲同一个专题，不能满足学生个性化学习和自主学习的需求。

（二）传统教学方式不能很好地实现心理健康课的教学目标

心理健康课的主要目的不是让学生识记概念，而是希望学生能够理解心理知识并将其应用到日常生活中，而课堂上的集中讲授很难激发学生的兴趣和主动思考。学生上课听下课忘，没有充足的时间和老师与同学讨论交流，难以实现教学目标

（三）心理健康课程师资力量薄弱

教师队伍专业化程度偏低、师资力量薄弱制约着心理健康教育课程的发展。我国大多数高校的专职心理教师没有办法完全承担繁重的心理健康教学任务，不得不由辅导员等不具备心理健康专业知识的老师兼任，这使得教学效果和教学质量无法得到保证。

（四）学时较短，重视不足

大学生心理健康教育课程是集知识传授、心理体验与行为训练为一体的公共课程。该课程性质的独特性决定了其教学方法与组织形式应该与其他一般学科有所不同，即既要求教学方法和形式应灵活多样，也要求必须进行行为训练及互动体验，才能达到其教学目标要求。

经调查发现，目前部分高校对心理健康教育课重视不足。一方面，大学生心理健康教育课的学时较短，大多数高校在大二第一学期开设大学生心理健康教育课程，为公共必修课，共20学时，考核合格得1学分。任课教师多为兼职教师，健康教育流于形式，不管是学校还是学生本人，对大学生心理健康教育课往往都不够重视。另一方面，心理健康教育课大多采用大班或合班授课方式，有的班级

的学生人数达到100人以上，这种大班授课的形式不利于师生、生生互动的开展，心理健康教育课的教学效果较差。

以上几个方面均是当前需要解决的问题，翻转课堂的兴起为这些问题的解决提供了新的启示。翻转课堂有助于满足学生的个性化学习和自主学习的需求，有利于学生在研讨式课堂和课外学习中得到较好发展，激发学生的学习兴趣，达到教学目的。另外，使用翻转课堂可以很好地解决高校心理老师师资薄弱的问题，网络学习可以大大减少课堂教学课时，节省师资。

三、在大学生心理健康教育课程中运用翻转课堂的策略

（一）课前准备环节引导学生自主学习

翻转课堂的重心在于课前准备阶段，这是学生自主学习且接受知识的关键阶段。教师在这个环节需要发挥自身的指导作用，依据学生特征以及课程内容制作教学视频以及设计学习任务单，为构建翻转课堂奠定坚实的基础。而学生在这个阶段主要依据学习任务单观看视频并学习，根据自身的学习情况对重、难点知识进行梳理。

首先是学习任务单的设计。教师在正式讲课前要对学生的整体情况进行分析，了解学生的心理知识基础、兴趣、能力和需求等要素，然后设计任务单，旨在帮助学生明确学习目标并且厘清思路。一般来说，学习任务单主要包括资源获取方式以及需要解决的问题，告诉学生接下来一节课"学什么"以及"如何学"。这里以心理健康教育中的"恋爱心理"为例，学习任务单可以分成两部分，第一部分是"学习指南"，包含了学习目标与学习方法建议。学习目标：①正确认识高校学生恋爱心理的形成与发展。②了解并掌握高校学生恋爱心理的特征。③对恋爱心理困扰有一个正确的认识，并且学会合理调适。学习方法建议：依据学习任务单主动了解与恋爱心理相关的知识，能够与同组学生交流、探讨遇到的疑问，并且给教师反馈自己无法解决的问题，方便接下来在课堂中探讨。

其次是教学视频等资源的创建。在翻转课堂构建过程中，学习资源是重要的构成部分之一，它包含讲义、PPT、视频等多种形式，其中，教学视频是不可或缺的。教师在创建教学视频时可以借鉴优秀同行的成熟资源，比如每年一些高校教师为了参加心理健康课程教学比赛而制作的视频，教师可以在参考的基础上合理设计。在视频的设计上要遵循由浅入深、难度适宜的原则，可以引入测试、提问、案例等多种方式，由具体到抽象。同时，视频时间不能太长，否则不利于学生注意力

的集中，影响他们的自主学习效果。以"恋爱心理"为例，教师可以制作三段视频，每段视频的时间控制在 5 到 10 分钟，讲述恋爱心理的发展、特征等知识。

再次是学习资料的发布。由于翻转课堂是建立在信息技术之上的一种新型现代化课堂，所以教师主要在课前利用网络信息技术发布视频，如校外的在线课程平台、学校的课程中心平台等，还可以通过创设微信或 QQ 班级群的方式进行发布。

最后是课前疑惑的收集。教师让学生结合学习资源以及学习任务单自主学习，学生在教师的指导下根据自身学习风格、学习节奏自主安排进度。与此同时，学生需要收集整理自己仍然存在的疑惑，这是寻找薄弱环节的有效途径，也是他们接下来在课堂上探究讨论的主要内容。

（二）课中互动环节组织学生自主学习

在知识传输和内化的过程中，课堂活动是非常重要的个阶段。在现实生活中，很多人将翻转课堂等同于在线教学。其实这两者并不相同。翻转课堂是线上线下混合式教学，与在线课堂不同，它有课堂活动的支撑，所以具有很强的互动性和有效性。在翻转课堂背景下，课堂活动环节主要包含三个部分。

首先是解决学生的疑惑。由于高校心理健康课程主要采取大班制教学，学生数量多，所以教师通常采取小组合作学习法，提前对学生进行分组，便于课堂上学习活动的开展。

解决疑惑通常分为两步，第一步是让学生在小组内逐个提出个人疑惑并讨论，形成小组观点。在学生进行组内讨论时，教师要加强巡视，密切关注学生的讨论情况并合理干预，尤其是当学生讨论的话题偏离主题时要及时纠正。第二步是进行组间交流，具体来说，就是教师让每个小组派一个代表展示讨论的成果，然后让其他小组提问，在相互提问与解答的过程中促使学生进一步吸收知识。最后，教师再进行点评指导，这样可以让学生的疑惑和问题得到有效解决，有利于学生领悟与内化知识。

其次是开展协作活动。除了在课堂上解决学生的疑惑以外，教师还可以根据心理课程教学需要和高校学生的心理特征采取案例分析及创设情景模拟等活动，在协作活动中融入知识。仍以"恋爱心理"为例，为了让学生深入了解并掌握"高校学生常见恋爱心理困扰"相关知识点，教师可以让学生通过心理情景剧再现案例，利用这种方式让学生在观看或表演案例中人物内心世界的过程中深入了解心理特征，并且学会调适心理困扰的方式方法。

最后是课堂总结。学生通过课前自主学习与课中学习探究了解并掌握了部分知识。但是这些知识主要以碎片化的形式存在，教师需要对课程实时总结，发挥指导作用，帮助学生认真梳理脉络并建立完整的知识体系。在笔者看来，教师可以在每节课的最后引导学生通过画思维导图或是知识树的方式去总结知识。

（三）课后反馈环节有针对性地改进教学策略

结束课堂教学活动并不意味着结束了翻转课堂，在翻转课堂构建过程中，课后反馈环节不可或缺，发挥着重要作用，也是对课堂效果进行评价的一个环节。在翻转课堂背景下教师可以通过互联网技术跟踪学生自主学习以及课堂学习情况，并且给予他们单独指导。还可以依据学生的评价改进和调整课堂设计与教学视频等，针对整个教学活动中的不足与优势进行反思。

综上所述，翻转课堂是一种强调学生主体性，融合了线上教学与线下教学优势的新型教学模式，在大学生健康课程教学中的运用可行性较强。

第四章　积极心理学与大学生心理健康教育的融合

积极心理学这一概念最早出现在 20 世纪末的西方心理学界，从 20 世纪 80 年代开始，我国高校的心理学教育就开始运用这种教学方法。积极心理学视角下，应该注重人的人格培养和情感体验，大学生心理健康教育是为了及时矫正其心理问题，引导其走向正常的生活与学习道路，所以，将积极心理学引入大学生的心理学教育中十分必要。

积极心理学的理论引入我国后，很快引起国内心理学界广泛的关注，并在心理健康教育领域引起极大的反响。众多的专家学者开始分析和思考积极心理学对心理健康教育所产生的影响。积极心理学的研究兴起反映了心理学从 i11-Being 取向到 well-Being 取向模式的转换，对我国方兴未艾的心理健康教育运动具有重要影响和启迪。积极心理学理念下的大学生心理健康教育研究成为了当前探索的热点。

第一节　积极心理学与大学生心理健康教育

积极心理学是心理学领域发展的重要突破，它强调了人类积极性格的塑造和作用，主张普通人建立积极的心态，以促进个人的进步和发展，为社会和谐发展做出贡献。积极心理学从研究原则上重视人的积极品质，避免了心理研究总是趋于负面问题讨论的传统思路，使心理研究能够为普通人的积极健康和生活服务。因此在大学心理健康教育中，积极心理学显示出其独特的优势和特点。

一、导入积极心理健康理念的目的和意义

习近平总书记在党的十九大开幕式的讲话中提出："要加强社会心理服务体系建设，培育自尊自信、理性平和、积极向上的社会心态"。这种正向引导和积

极发展的理念对高校大学生心理健康教育课程的建设和改革具有开宗明义的指导意义。

相比于其他课程内容而言，大学生心理健康教育课程的教学内容和教学方式都比较贴切大学生的生活实际，案例教学和课堂活动等形式也比较能够调动学生的学习积极性。然而，近几年来我们发现，学生的听课热情逐渐下降，对课程的内容不太感兴趣，课堂互动的环节也表现出与己无关的状态，究其原因主要有以下三点：

第一，随着网络和智能手机的应用越来越发达，各种碎片化的信息充斥着整个社会。大学生在课堂上使用手机的情况已成常态，严重分散了大学生听课的注意力，并影响课堂教学的秩序和氛围。

第二，智能手机的过度使用使得现在大学生过多地关注外界，对自己缺乏基本的反省和自觉，也意识不到自身的成长需求，相当多的大学生因此失去了学习的动力，荒废了学业。

第三，以往大学生心理健康教育教学的内容和模式，基本把重心放在"诊断和消解痛苦"等问题上，目标是追求心理问题的消解，心理障碍的减少，实际上是针对少数学生的心理消极层面的问题，对大多数学生而言不能感同身受，难以发生共鸣，更无法产生兴趣。

积极心理学是现代心理学研究的一个新领域，其提供了一种新的视角，其将关注点放在个体心理健康和良好的心理状态方面，正逐步消解传统心理学过分关注人的消极方面的理念，"倡导重视和构建个人的外在和潜在的积极力量，研究和探讨人的积极品质，发现和挖掘人的潜能，关注人类的生存与发展"，是以促进个人的自我实现、群体以及整个社会的完善发展为宗旨的科学。

积极心理学的兴起是对传统心理学理念与内容的一种补充与完善，其意义在于不仅给人类提供了看待问题的新的思维和新的方法，还作为心理健康教育研究的一种新的思潮，进入我国现代心理健康教育的重要研究领域。

二、积极心理学视域下大学生心理健康教育的优势

（一）拓展大学生心理健康教育知识视野

开展积极心理学视野下的大学生心理健康教育活动，从正向角度激发学生的积极心理因素，有助于引导学生了解阳光心态和积极情绪，如乐观、自信、自律、内省、谦虚等，从而有效拓展学生心理健康教育知识视野。学生在学习积极心理

因素的同时会逐步消除自身与心理健康教育课程的隔阂，将关注负面心理因素的倾向转移到激发个人潜能与培养健康积极的心态领域。

（二）创新大学生心理健康教育方法

开展积极心理学视野下的大学生心理健康教育，有助于弥补传统教育模式的缺陷，创新大学生心理健康教育方法。目前，很多教师在开展积极心理学视野下的大学生心理健康教育过程中，为学生组织了各种有趣的体验活动，如"信任背摔"游戏、"安全防卫"游戏，从而有效培养了学生之间的信任感，提高了学生的安全意识，使学生的责任感得到了加强。

（三）奠定社会人才教育基础

从发展视角来看，大学生心理健康教育属于一种长远性教育活动，塑造学生积极健康的心理素质有助于辅助大学生实习个人价值，从而为培养社会发展所需要的人才奠定良好的基础。而且，积极心理学主张以人为本，提倡积极人性，强调关注人的积极心理因素，发展人的潜能。在这一系列主张的引导下，学生很容易形成积极健康的心态，步入就业岗位之后，他们能够积极应对各种压力与问题。

三、积极心理学对大学生心理健康教育的意义及启示

近年来，心理健康教育在高等教育中的地位和作用日益凸显。但是受传统心理学即消极心理学的影响，心理健康教育把重点放在预防和矫正大学生心理问题，不能从根本上培养大学生积极的心理。积极心理学因其关注人类积极力量，以帮助所有人获得幸福为目标的独特优势，与大学生心理健康教育无缝连接，能够推动心理健康工作更好地开展。

（一）大学生心理健康教育运用积极心理学的意义

1.积极心理学改变了过分关注消极问题的模式

传统心理学对大学生心理健康标准采取的是消极取向模式，心理健康教育就是解决心理问题或医治心理疾病。心理教师常常从学生存在的心理问题出发，造成了心理辅导的被动局面。目前很多高校心理咨询存在着误区，即认为来心理咨询的是有心理问题或者心理不健康的学生。这给大学生带来了一种反向暗示和印证，使大学生产生排斥和自我防御，误认为自己心理不健康，进而陷入恶性循环。积极心理辅导反对以来访者的问题和紊乱为中心的病理性的心理辅导，提倡心理辅导应让咨询者自己通过发展自己的积极力量来达到拜托心理问题的目的，认为

心理健康辅导的主要目标是帮助学生挖掘潜能，培养学生积极品质，促进个体幸福感的获得。

2. 积极心理学改变了教育主客体关系的对立性

在传统主流心理学背景下，心理健康教育工作者把自己当作教育者的角色，而把学生当作是"问题学生"，以解决问题为目标进行心理咨询辅导兼说教、疏导教育，使主体与客体之间的关系对立起来。积极心理学认为，教师和学生一样都是成长的、发展的个体，教师不仅要以积极的态度看待发展中的学生，培养学生的积极心理，还要善于培养自己的积极心理，关注自身的健康成长。对教师和学生每个个体自身而言，他们都既是有潜能的主体，又是待开发与认识的客体。因此，积极心理学改善了心理健康教育的主客体关系，充分调动了教师与学生的主观性与积极性，促进了教学相长。

3. 积极心理学拓展了大学生心理健康教育的途径、方法和内容

在传统心理学背景下，学校心理健康教育采取的途径与方法限于开设心理健康教育课程等，而在关注和培养个体潜在的积极力量和优秀品质等方面相对薄弱。导入积极心理辅导的有效做法起到拓展大学生心理健康教育方法的作用。积极心理辅导采用主观幸福感指标及其他测量技术来测量和评价大学生的心理健康状况，为大学生心理健康教育提供比较客观的研究数据。建立以积极心理课程为主渠道进行学科渗透的课程教育模式。目前在美国、英国、澳大利亚等国家的高校开设了积极心理学的相关课程，并将积极心理教育的理念和技巧有意识地渗透于各学科教学之中。积极心理学所倡导的心理干预策略着眼于个体积极人格和优秀品质的培养，是一种事前干预策略，关注的是个体的长远发展。

4. 积极心理学为心理健康教育提供新技术

国内对心理健康的测量、评估以及相关的原因分析、对策的研究很多，但在心理健康评估中，使用的最多的量表是精神症状自评量表（SCL-90），其他还有 Zung 焦虑量表（SAS），生活事件调查量表等。严格说这些都不是专门的心理"健康"评估量表，而是反映心理负面、病态的倾向，用这些量表来刻画心理健康状况显然是不合适的，受到越来越多人的批评。例如，在以大学生为样本的大多数研究中，大学生的精神症状自评量表（SCL-90）各项得分都高于全国青年常模，但如果据此得出大学生心理健康状况不良的结论不免有失偏颇实际上，在国外 SCL-90 只是作为"幸福感"的负面指标与评价工具来使用的此，心理健康教育应该发展与应用正面指标，从积极的心理状态方面刻画与评价学生的心理

健康状态，从而准确把握学生的心理轨迹，为现代心理教育提供评估、诊断、研究提供有效的工具，这已成为心理健康教育目前面临的一个重要任务。

（二）积极心理学对大学生心理健康教育的启示

1. 大学生心理健康教育立足点应是面向未来

积极心理学认为高校大学生心理健康教育的目标应该是面向未来的，应该体现学校心理健康教育的发展性特点。所谓面向未来，即不能单纯考虑今天的需要，适应今天的环境，不能简单的认为学生心理暂时不出现问题就是没有问题就是健康心理，而是要考虑未来社会对人才心理素质的需求，要考虑潜伏在学生成长过程中的心理危机。做到高校大学生心理健康教育以预防为主，治疗与预防相结合。高校大学生心理健康教育的目标应该面向21世纪的需要，面向学生的发展。

2. 大学生心理健康教育应保证学生的个性得到充分发展

人与人之间在心理素质上是相同或相近的，同时人与人之间的心理素质又有着很大的差异。人的基本心理素质的相同性，为每个人的发展提供了多种可能性，而在环境和教育的影响下，每个人的主观f动性不同，使人与人之间的差异客观存在。积极心理学提倡高校大学生心理健康教育从人的差异出发，通过表格健康教育过程使每个学生在原有的基础上得到发展与完善。学校不仅仅要开设心理健康课程，使学生整体心理素质得到一个提升，还要充分利用学校心理咨询室开展咨询活动以及其他心理健康教育活动对学生进行心理健康教育，确保学生整体与个性都得到发展。

3. 大学生心理健康教育应是多层面的

心理素质不是一个单一的构成物，从内容结构上看，它是由认知、情感、意志、个性等心理品质构成的，这些心理品质经过不同方式的组合，又可外化在学生活动的不同领域，使之加上一些新的特点，表现为学生社会适应性的不同，如学习适应性、交往适应性、职业适应性等的差异。积极心理学认为高校大学生心理健康教育的目标不应该只关注学生课程考试压力，婚恋障碍，职场压力等，我们也要关注幸福感，满意度，自我效能，诚实，乐观等积极指标，心理健康教育目标应该具有多层面性。

积极心理学使得高校心理健康教育的价值取向得到本质的回归，这样更有助于高校心理健康教育目标的重新确立。传统意义上的目标偏离了心理健康教育的本质，而积极心理学体验着人文主义关怀的理念，它关注人的积极品质，以培养人的积极人格为根本性目标，积极的人格这一理念有利于人们与社会的和谐相处在积极心理学引导下，促进心理健康教育目标的实现，增强心理健康教育功能的发挥。激发与培养学生内在的心理品质，培养人的自信心、责任心，使之成为有能力的在面对社会有一个良好状态的人。

四、我国大学生心理健康教育中的积极心理学研究现状

我国高校心理学专业对积极心理学的研究颇早，至今也有二三十年的时间，尤其是最近几年，随着高校对心理学的重视，积极心理学的研究也取得了很大的成果，在解决大学生心理问题上做出了突出的贡献。但是，即使研究有一定的成果，在现实大学校园中，仍然存在着很多问题，尤其是有心理疾病的大学生做出的一些恐怖行为给现在的积极心理学教育带来了考验。

（一）大学生心理健康教育的目标不一致

心理学是一门中性的学科，没有好坏之分，但是从我们认知的角度来看，心理学的研究范畴又分为积极心理学和消极心理学。消极心理学是在有了心理疾病之后对其进行治疗和干预，而积极心理学主要起到一个防范和引导的作用，为了让人们的心理状态呈现最佳状态，让人们的潜力不断得以开发，生活更加幸福。如今的高校心理学教育更加偏向于消极心理学的教育，目的是为了治疗已经有心理问题的学生，这种心理学的教育方法直接忽视了学生的心理发展过程，对学生的心理需求不重视，缺乏积极的引导。

（二）大学生心理健康教育偏重医学研究

从我国高校开设心理学课程以来，在解决大学生心理问题方面取得了不小的成就，对促进大学生的心理健康有一定的积极作用。但是因为传统心理学教学目标的问题，消极心理学成了心理学教育的重点，所以，高校教育者都将教学的重点偏向于问题心理的研究上，比如焦虑、忧郁、自卑等情况，教育的对象也是仅仅限制在有心理问题的学生身上，只是对他们出现的问题进行研究分析，不去过多地关注他们心理的发展过程和未来发展情况。在课程设置上，大部分高校的心理健康教育学都采取选修课的形式，或者以简单的讲座形式；在心理辅导过程中，也是个别的诊疗式方法，讲座内容多是针对消极心理问题展开，在讲授的过程中会渲染消极心理的危害性。心理学的教学体系也不够完善，没有完整科学的知识体系，这样势必会让教师和学生更多地关注消极的心理或者不健康的心理状态，而忽视了积极的心理因素，这种干预性的教学方式不利于学生心理的积极发展。

消极心理学的教学模式直接否定了心理学的中性特质，忽视了人更需要的积极心理因素的引导，过多地注重医学层面上的"治疗"，而忽视了对心理问题的预防和积极引导，积极的心理学更应该关注学生优秀品质的培养，而不是去改变现有的品质特征。

（三）大学生心理健康教育对象有限

目前，高校的心理学教育关注点在消极心理学方面，研究的理论基础也是消极的心理学，他们通常认为只有消除心理疾病就是健康的象征，但是从心理学的角度来看，仅仅是没有心理疾病并不代表就有健康的心理状态。所以，心理学教育过少地关注学生本身的心理状态，尤其是多数学生的心理现状。在具体的操作中，高校的心理健康教育很多情况下处于被动的状态，他们几乎不会主动去引导学生，而是等有问题的学生寻求帮助，再进行针对性地诊疗，这种单一性的救助方式并不能让学生具有主动解决心理问题的能力，他们更不知主动去寻找勇气、乐观、幸福等积极的因素的方法，大学心理健康教育学的局限性，使大多数学生并不能从中学到积极的东西，甚至出现了谈"虎"色变的地步。

（四）大学生心理健康教育学师资良莠不齐

目前，高校中心理健康教育学师资队伍良莠不齐。一个原因是教师数量不足。普通高校心理学教师的数量较少，而且专业的心理学教师更少，尤其是在一些工科院校更是如此，很多学校都让学生辅导员承担心理学的教学责任，在入职筛选中，他们会尽量选取有心理学和教育学背景的应聘者担任辅导员，但是这些教师在成为辅导员之后，由于工作大都比较繁重，所以还是有很少的人会关注每个学生的心理状况。另一个原因是高校的心理学教育处于一种孤立无援的地步，只有极少数教师在进行学生心理问题的解决，其他的教师或者家长、社会都对学生的心理问题漠视，通常情况下他们根本发现不了学生心理存在的问题，所以，亟须建立完整的心理学教育体系，让每个人都关注心理问题，而不是把责任推给仅有的几个心理学教师。

五、对大学生心理健康教育中积极心理学的探索

（一）形成积极的心理健康教育理念

大学生心理健康教育理念指高校教育者对大学生心理健康教育的根本认识和态度，决定了其教育价值取向与目标追求，从而直接影响并制约了心理健康教育

的成效。传统的心理健康教育理念认为，人类的心理是被动的，人的心理容易受周围环境或本能的影响和控制，它侧重于阻止心理问题的发生，从而达到预防的效果。积极心理学则认为，过多关注心理负面特质并不利于心理健康，而更应发挥人的潜能和积极因素，培养积极的思维，因而大学生应该充分展现出自身的优势，拥有更多积极品质，依靠自身力量主动促进心理健康发展，从而最终塑造积极人格。诚然，治疗性咨询是大学生心理健康教育必不可少的一部分，但从长远来看，从根本上提高大学生心理健康水平，消除心理问题隐患，大学生心理健康的预防性教育显得更为重要。因此，大学生心理健康教育应该将重心从咨询治疗向预防教育转变，凸显大学生心理健康教育的全面性和有效性。

（二）确立清晰的积极心理健康教育学的目标

高校应该转变心理健康教育学的教学目标，将之前的消极心理的教学目标，转变为积极心理学的教学目标，要逐渐培养学生乐观积极的心理状态，培养他们的幸福感。不仅仅要关注极个别人的心理问题，要将视野放在所有学生或者整个人类本身上。在现在的社会发展背景下，人们的物质生活水平有了很大的提升，他们关注的重点不再是生活所需，更多的是精神的需求。追求精神上的幸福是人类的共同目标。所以，心理健康教育学也应该紧跟这一目标，让学生通过校园生活建立积极、乐观的生活态度和正确的人生观和价值观，只有这样，在未来社会中，他们才会保持这种健康的心理状态，不断激发他们自身的潜能，使自己的生活更加幸福。

（三）建立完善的积极心理健康教育学体系

对大学生积极心理学的教育内容体系的构建，首先要培养他们树立正确的自我认知观念。不管是积极的心理状态，还是消极的心理状态，都是由他们的自我认知观念引起的，它有设定生活目标的功能，积极健康的自我认知观念可以让人们拥有乐观的心理状态。在大学生心理教育的过程中，教师要积极地引导学生对自己的心理状态有一个全面的了解，通过课堂所学内容和社会实践，逐渐建立起自己的心理认知观念，懂得自我肯定和自我批评，能够客观地看待生活或学习中出现的问题，了解心理现象出现的合理性，从积极心理学的角度来看，对自我的肯定，尤其是对自己长处的挖掘，这样才能不断实现自我价值，在人际交往的过程中，要善于接受自己和他人，协调好理想与现实中的自我差异，不矫揉造作，也要不卑不亢，不断地树立正确的自我认知观念。

（四）构建积极的校园支持平台

人是社会性的，大学生的成长最主要生活环境是校园，所以，要想建立积极心理学的教育体系就需要有积极的校园支持平台。积极校园平台的建立，需要从学校的规章制度、管理体系、教学体系等出发进行综合分析研究。完整的心理学教学体系对大学生健康心理的形成至关重要，这套体系的建立首先要根据明确的规章制度和法律规范来制约，尤其是优良的学校氛围，可以使教学氛围得以优化，大学生在学习中可以找到自己的人生价值和认同感与归属感。积极的教学理念是校园平台建设的关键，只有以积极的观念来引导，传统的心理健康教育学才能进行重新定位，才能不断地更新和完善管理体系，让学生积极快乐地参与到学习和生活中，最终拥有积极健康的心理，拥有幸福的生活体验。

我国高校承担着为社会主义现代化建设培养人才的重任，在社会疾速的发展过程中，人们的心理健康直接影响着工作的效率，所以，高校的心理健康教育学任重道远。从目前的心理健康教育学现状来看，虽然取得了一定的教学成果，但是由于受到传统消极心理学的影响，在教育过程中学校过多地关注了少部分心理有问题的学生，忽视了大多数学生的心理状态，所以高校要更新教育理念，培养学生的幸福感，让学生接受积极心理学教育，让他们的生活更加乐观幸福。

第二节 积极心理学对大学生心理健康教育的影响

今天的社会，人类的一切活动不再是为了生存，而是为了生存得更幸福。让所有人幸福是我们当代社会的主旋律。在这样的社会背景下，高校心理健康教育也要体现这一主题——让学生生活得更幸福，让学生过得更有积极意义。对此积极心理学主张对于普通人应建立积极预防的心理健康教育体系，促使学生能够在正常生活中感受自身的价值，促进学生积极心理的培养，使学生能够主动挖掘自身的闪光点和潜力，促进学生综合素质的提高和发展。

一、促进高校设立积极的大学生心理健康教育目标

积极心理学为大学生心理健康教育重新设定了目标。传统高校大学生心理健康教育目标定位于消除人心理和社会的各种问题，以预防各种恶性事件的发生，并期望问题被消除的同时能给人类和人类社会带来繁荣。积极心理健康教育以增进大学生的幸福感为主要目标。积极心理学的研究涵盖情绪、人格、社会三个层

次，积极心理健康教育的目标也应从微观到宏观全面促进心理的健康成长。

（一）教育核心——培养积极品质

随着时代的发展，社会大环境给予了高校学生一个自由的发展空间，可是多元化也使大学生在塑造人格的过程中有着太多不可确定的因子。"当一个人能力和意愿都很充足时，失败也是可能发生的，仅仅是因为这个人是一个悲观的人。"[①]因此，积极还是消极对一个人的发展十分重要。所以，新时代的心理健康教育不应再止步于解决问题，充分的去挖掘大学生身上的潜在能力，尽可能让他们拥有更多积极品质，从而达到最终塑造大学生积极人格的目标。改变以往的做法，将优势定位于解决学生的心理问题放到同一高度，在解决了学生的问题的同时，时刻关注他们的心理动向，培养他们的积极思维让每一个人充分的展现出他们的优势。大学生心理健康教育不再是心理问题的代名词而是让学生获得幸福快乐的重要途径。

（二）教育对象——全体大学生

大学生心理健康教育不要仅仅把出现问题的一小部分学生看作是焦点，改变过去那种忽略大多数普通学生的错误做法。大学生心理健康教育应该从积极心理学的角度出发，把目标投向所有大学生，即便是那些看起来似乎心理比较健康的学生也应该得到足够重视和充分的心理健康教育，要实施针对于全体大学生的积极培养，寻求到能够增强大学生积极品质之路，让学生对未来乐观并且充满希望，让新时代的大学生不再自卑对自己充满信心。要增加他们的积极情绪体验，让每一个学生真切的感受到自己是心理健康教育的关注焦点，从心理健康教育中真正的受益。学生和老师们都要相应改变自己的观念，心理健康教育并不单单通过几个老师或者几节课程就可以达到应有的效果。要通过高校各个部门的通力合作，将心理教育纳入到全校范围内的教育之中，为之提供好的环境，从根本上促进学生的成长。

（三）初级目标——拓展积极体验

积极心理学认为，人的潜在的积极力量是对抗心理疾病发生的有效的缓冲器，通过识别、发掘、调动与建构处于危险境地的人们所具有的内在潜在力量，将会产生更加有效的预防作用。因此通过拓展积极心理体验可以在实现积极力量的发掘与培养过程中达到"防患于未然"的效果，这较之于"亡羊补牢"有着不言而

---

① 郝宁. 积极心理学阳光人生指南 [M]. 北京大学出版社，2009.

喻的先进意义。同时，增加积极心理体验也有利于保持积极心态与情绪，使人拥有阳光般的灿烂心情，这对维护心理健康以及提高工作、学习效率有着重要作用。而在工作、学习、生活中的良好情绪体验也同样也有利于增进心理健康。再次，增加积极体验也是塑造积极人格的必要途径，是塑造积极人格的必要条件。因此积极情绪、积极体验作为积极心理学科学体系的相对微观层次可以成为为人类筑起保护和增加健康的第一层台阶。

（四）中级目标——塑造积极人格

塞里格曼曾明确指出："积极心理学的目标是实现从消极心理学到积极心理学模式的转换，实现从修复心理疾病到构建人类的积极品质的转变。为了实现这个转变，心理学必须把人类积极品质的建设引入到心理疾病的治疗和预防的最前沿中来。"因此，培养学生的积极品质，塑造学生的积极人格，应成为新型心理健康教育的中级目标，努力使学生们成为拥有积极人格的人，能够客观地评价别人，能够正确地认识自己，能够扬长避短，努力挖掘自己的潜能，发挥自我价值；能够正确地面对现实、接受现实，从不回避和逃避现实；乐观向上，积极进取，不畏、不避问题、困难和挫折，而是努力去解决、去克服；言行一致，说到做到，拥有良好的信誉；拥有健康而合理的人生追求，能够正确地处理各种利益关系

（五）终级目标——形成积极环境

积极环境是个大的概念，包括积极的个人环境、组织系统与社会环境。积极心理学的目标是促进个人与社会的发展，帮助人们走向幸福，使儿童健康成长，使家庭幸福美满，使员工心情舒畅，使公众称心如意。因此，形成积极环境成为积极心理健康教育的最终目标。

二、促进大学生心理健康水平的提高

积极心理健康教育认为心理健康的人应当是积极的、乐观的、能很好的融入有适应社会的人。世界卫生组织把健康定义为"在生理、心理和社会机能正常基础上的良好状态"，对健康的这一新定义全面考虑了个体生理、心理和社会适应方面的综合状态,健康的个体应该有一种良好状态(well- being)。积极心理学认为，每个个体身上都有两个方面的心理状态，包括消极和积极，传统心理健康教育以解决学生的心理问题、化解心理症状为主要方向，但是却较少关注学生身上固有的那些积极品质，高校心理健康教育也应当关注这一方面，这样才是完善的心理健康教育模式。

心理健康教育向积极方向是转向是应时代的发展，积极心理健康教育是对心理发展过程的障碍性问题作出积极的解释，也是一个处理和消解心理问题的过程传统的高校心理健康教育是从"问题"出发，主要是针对心理疾病与基本适应问题，而忽视了心理健康的人应该是负责任的、勤奋的、独立的、积极的这些积极方面的因素。所以高校心理健康教育应该向积极的方面转变，关注学生积极向上的自我力量，自身的积极人格特质，使得心理健康问题从根本上解决。，学校、家庭以及社会都应当共同努力建立一个积极的社会支持系统，以帮助大学生提升心理健康水平，同时为思想政治教育的开展建构一个积极有效的环境系统。

三、促进大学生积极人格的养成

（一）积极人格特质

人格是构成一个人的思想、情感及行为的特有的统合模式，这个统合模式包含了一个人区别于他人的稳定而统一的心理品质。积极人格建设是积极心理学理念下的新型心理健康教育的目标与核心所在。

那积极心理健康教育究竟应该塑造哪些人格特质呢？赛里格曼等积极心理学家研究发现有6种美德（智慧和知识、勇气、人性、正义、节制和超越）和24种人格特质（见表1）普遍存在于每一个体身上。虽然这些人格特质在不同年龄的人身上会有所侧重，但这些人格特质有助于提高人们生活的满意度。

表1.1 性格优点和美德分类(VIA-CS) (Peterson & Seligman, 2004)

美德	积极心理品质
智慧和知识(获得和使用知识的认知优点)	创造性(有新的想法和观点)
	好奇心(对外部世界感兴趣，喜欢探索)
	心胸开阔、思想开明(公平地看待所有证据)
	对学习的热爱(系统化地增长自己的知识)
	愿景、远见(理解世界，明智的忠告)
勇气(情感性优点，践行意志以达成目标)	勇敢(面对威胁和困难的时候不退缩)
	毅力(善始善终，坚持不懈)
	正直(真实地展现自我)
	活力(感到兴奋和充满活力)

人性(人际性优点，培养关系)	爱(珍视亲密关系)
	善良(帮助和照顾他人)
	社会智力(理解社会世界)
正义(奠定健康社会生活的公民美德)	公民行为(社会责任、忠诚、团队合作)
	公平(平等地对待每一个人)
	领导力(组织团体活动)
节制(防止过度的性格优点)	原谅和宽恕(原谅他人)
	谦卑/谦虚(不过度地抬高自己)
	谨慎(小心地进行各种选择)
	自我管理(管理自己的情感和行动)
超越(赋予意义，与世界产生联接的优点)	对美和卓越的欣赏(善于发现生活中的美)
	感恩(对生活中的美好事物表示感激)
	希望(期望并向着美好的未来而努力)
	幽默(看到生活的光明的一面)
	精神性(对目标和意义的信念)

6种美德和24种积极人格特质是积极心理学研究的焦点，培养和发展这些积极品质，进而拥有这些积极品质，不仅可以缓解人的痛苦，提高生活满意度更可以成为一个真正可以把握幸福的人。美德与积极人格分类表为新型心理健康教育的培养目标及应达到的标准，以及开展心理健康教育工作提供了具体内容与指导。

积极人格特质主要是通过对个体的各种现实能力和潜在能力加以激发和强化，当激发和强化使某种现实能力或潜在能力变成为一种习惯性的工作方式时，积极人格特质也就形成了。积极人格可以通过增加积极体验来获得，积极体验的增加是形成积极人格的主要途径。同时，人格特质还是进行积极干预和积极思维方式的培养的基础。因此，发展与培养积极人格特质是促使人及其系统发展的重要策略，是新型心理健康教育的重要环节。

(二) 积极人格形成的心理动力

父母的教养方式、老师的教育风格和社会媒体等都是外在因素，而个体的先天生理因素和自身的生活经历等则是内在因素，那么这些外在因素和内在因素又是怎样被个体整合成为自己的看法和态度呢？这整合或转化过程的主要动力又是什么呢？对于这些问题，自我决定理论（self-determination theory，简称 SDT）进行了很好的回答。自我决定理论认为，和人的其它各方面的发展一样，人格的发展也需要某种动力，这种动力主要来自于个体的动机——内在动机和外部动机。

1. 内在动机

所谓内在动机，就是指活动的动机是出于活动者本人并且活动本身就能满足活动者的需要。狄赛（Dei）和雷扬（Ryan）曾概括了内在动机的四个特征：没有任何明显的外在奖励、由个体自身的兴趣引起、满足个体内在心理需要、具有一定的挑战性。由于个体的内在动机和其先天的需要和积极的倾向紧密联系，因此，人的内在动机就能反映出人本性中一些积极的潜力，如好问、好奇和好动等。这样，由内在动机支配的行为不仅容易成为个体人格的组成部分，同时它也能增进主体的幸福感。有机体元理论认为，人固有的发展倾向和先天的心理需要是个体自我动机、人格整合以及促进这些积极心理加工过程的外在条件。一些心理学家在实证的基础上提出了人的三种先天心理需要，它们分别是胜任的需要、自主的需要和交往的需要。这三种需要的满足既是个体内在动机形成的基础，也是自尊人格形成的直接动力，同时它更是建构个体的社会性发展和个人幸福的必要条件。为了更好地说明和解释些外在相关因素在个体内部动机形成过程中的作用，狄赛和雷扬在 1985 年提出了个认知评价理论作为自我决定理论的亚理论。这理论主要是从认知的角度来说明外在的相关条件、人先天的内在需要满足程度与人内在动机之间的关系。

2. 外在动机

尽管内在动机在积极人格形成过程中起着重要的作用，但它并不是积极人格形成的唯一动力源，人在做出某种自我决定时，他还经常受到另外一种形式的动机的影响，这就是外在动机。外在动机是指由活动的外在因素或追求活动之外的某种目标所引起的动机，这种动机在成年人身上表现得最为明显。这是因为当个体成年以后，他的许多行为都是迫于外在的社会压力和社会责任感。许多人常把内在动机行为和外在动机行为完全对立起来，把前者看作是自主性行为，把后者看作是非自主性行为。其实不然，外在动机性行为有时也能表现出明显的自主性。如一个孩子在理解了他现在的学习和他将来的工作的意义后，他的学习就可能是自主性的，这种学习行为在表现形式上几乎和内在动机行为没有任何区别。

(三) 积极心理学提倡塑造大学生积极的人格特质

包含着六大美德的人格优势价值实践分类系统，是积极心理学的一项重大研究成果。这六大美德又分别对应着二十四种人格特质，充分培养人格特质是使每个人获得美德的重要方式。积极心理学十分强调人的积极力量，积极心理学家们认为倘若以解决问题为重点，即便是解决了全部问题，个人的积极力量依然无法增加，也就永远达不到完善个人的目标。真正好的做法应是强化个人已经具备的能力和挖掘个人的潜在能力，这样可以有效的培养人格特质。当这种强化和挖掘逐渐成为一种以惯性时，个人的积极人格也就形成了。所以，大学生心理健康教育应在积极心理学的指导下，发现学生们的优点和特长，并且引导他们去寻找自己的优势，加强对于高校学生人格特质的培养。

1. 要善于发现学生的人格特质

积极心理学要求大学生心理健康教育以一种积极地视角看待学生的问题以及心理疾病，相信大学生自身拥有巨大的潜能。以赞美、鼓励的方式与学生沟通，让学生们放弃传统的问题意识，反而不由自主的为自己贴上"积极的标签"，对自己充满信心，并且按照心中那个积极的自我形象去发展。与此同时，心理健康教育还有一个十分重要的功能，那就是通过各种方式去引导学生们去发现自身的积极力量。大学生正处于一个特殊的成长阶段，他们渴望身边的人去理解他们，接受他们，与此相矛盾的是，很多大学生却并不接受自己，并且自己并没有充分的意识到这点。所以，相关的心理健康教育课程、活动、专题就要起到这样一种作用，那就是让学生们充分的接纳自我，培养学生们以积极的角度来看待自我。

2. 要善于培养学生的人格特质

大学生心理健康教育要充分的利用各种教育形式，让他们拥有积极的人格特质。在各种活动中让学生深刻的感受到自身存在的积极力量，并且让他们体会到拥有积极的人格特质可以为他们提供多么强烈的快乐以及幸福的感觉。而且，要积极的促成学生们自发去培养自己积极人格特质的意识，例如让学生有意的去感受自己感谢别人的频率，用言语的形式去表达对于父母的爱，以此让学生自己去培养"感激"这一积极特质。鼓励学生们积极的去参加社会和学校组织的有意义的活动，尤其是学生们自发组织的社团形式的各种活动，因为这样不仅仅增加了他们的才干和自信，也让他们可以有良好的人际关系。在平时的心理健康教育中让学生明白每一次的挫折，困苦都是让自己变得更好的过程，观察自己在面对困难时的态度，训练自己寻找困难当中的积极面，培养他们的积极思维。让生活当中发生的大事小情都成为培养学生积极人格特质的机会。

四、促进和谐教育环境的形成

长期以来，高校大学生心理健康教育往往将学生出现的心理问题归咎于专职教师，专职机构，只是简单的单打独斗，并没有主动联合家庭和社会，形成家、校、社会紧密联系、共同协作、三位一体的促进高校大学生心理健康发展的社会环境系统。积极心理学认为人及其经验在环境中得到体现的同时，环境又在很大程度上影响人，家庭影响、文化规范、社会关系等都能够支持和发展人的能力及长处。学生所处的环境由家庭、学校、社会共同组成，所以创造和谐的教育环境有赖于三者的共同努力和通力合作。三者只有共同发挥各自的资源优势，才能为学生心理健康发展创建和谐的心理环境。

（一）引导家庭开展心理健康教育

家庭是社会的基本单位，是个体身心发展的重要场所是个体身心发展最重要、最直接、影响最深入的组织系统。弗洛伊德的精神分析学认为早期经验对人后期发展的影响及其深远，甚至起到决定性作用。当代大学生在上大学、独立生活之前基本上都是和父母生活在起，父母所提供的家庭教育环境是他们早期经验的主要来源，父母对其人格及心理的形成负有相当大的责任。家庭教育以其独有的方式及优势在日常生活中使子女受到耳濡目染的影响，在孩子的教育中起到独特且十分关键的作用。因此，积极心理学建议学校一方面要通过各种渠道让家长了解学校心理健康教育工作的内容和效果，不断地与学生家长进行联系和沟通，另一方面，更要适当地引导家庭心理健康教育的开展，同时还要帮助提高家长的心理素质和心理健康水平。

家长对于孩子来说是长辈，所以家长要以身作则，给孩子做一个很好的榜样，因为父母的一言一行对于孩子来说都有着很大的影响。家长要引导孩子培养他积极的品质，在平常的生活中要一点一点的渗透。培养他的抗挫折能力，培养他在逆境中的抗压能力，同时也培养他在顺境时不骄傲，不自满。而对于这些品质的培养应该是引导的方式，家长对于孩子来说虽然是长辈也可以成为朋友，不要一直以一个高姿态来面对孩子，有的时候孩子更需要的是一个知心的伙伴。另外，家长要与学校积极的沟通掌握孩子在学校的动向，家庭的心理健康教育与学校的心理健康教育达到同步的状态，要使家庭心理健康教育与学校心理健康教育同步，学生的身心健康发展与家庭有着直接的关系，而学校也有义务对学生的心理健康负责。

家长在与学生的沟通上要选择正确的方式，随着时代的发展进步，和学生的沟通方式也要顺应时代的要求，不断地改变使之能够更好的适应孩子的需求。和子做知心伙伴，让孩子能够把知心话和家长进行交流，融入到他们的生活当中去，这样可以提高心理健康教育的时效性。家长要明确自身的责任，注重家庭心理健康教育的重要性，注重培养孩子的积极品质，提高并完善他的综合素质。只有这样才能更好地发挥家庭教育的功能。

（二）引导社会教育发挥心理教育功能

社会是一个整体，它从各个方面都能影响着个体，人也不能脱离社会而独立存在。积极心理学认为大学生心理健康教育，不仅靠学校和家庭的教育与培养，还需要社会的普遍关注和进行正确的舆论引导。坚持正确导向，营造积极健康的舆论氛围，是营造良好的社会氛围的重要因素。广播、电视、报刊、网络等媒体，是培育良好公众心态和正确社会舆论的重要载体。要通过媒体切实把握好舆论引导的方向、时机、分寸和力度，着力营造积极向上、健康良好的公众心态和生动和谐的社会氛围。努力烘托与营造一个宽松、愉快的氛围，使生活于其中的人们感受到满足、乐观与充满希望。

大学时期是学生成长的转折点。尽管大学只是一个象牙塔，但对于学生来说也是面对了一个小社会。而与此同时，当学生在毕业面对社会时又是一个转折点，这个转折点是要面临真正的社会。在当前社会压力下，随着大学生步入社会发生了很多的大学生心理问题，有的不能够适应社会，有的不能找到好的工作而一蹶不振，有的同学干脆直接在家当起了啃老族，还有的同学虽然步入社会但却没有很好的处理好上下级之前的关系，同事之间的关系等等。这些问题都体现出，学生在刚步入社会的时候不能够很好的适应社会这个大熔炉，不能够很好的应对这变化。所以提前进行心理健康教育的社会支持对学生今后步入社会有很大的帮助。而提前做这些努力还要靠学校与社会各界的沟通。在学校举办各种类型的讲座，让学生接触不同领域的社会人士，通过与这些人的沟通，使得学生能够建立起自信，能够发掘自身的积极品质，更好的为步入社会做准备。同时社会各界，媒体、政府以及一些其他机构，都应对这些刚步入社会的大学生给予支持和鼓励。特别是贫困生和身体有残疾的学生，他们的身心本就很脆弱，我们更应该帮助他们鼓励他们。譬如一些招聘单位在招聘时就不应有一些歧视性的条件。学校也应该积极的与校外沟通，校外的一些心理辅导机构、居委会以及校外的一些志愿者服务队，要让学生参与到校外的活动当中去，去提早的感知社会，也同样是去积极的体验，这样才能培养学生积极的品质。

（三）促成家庭、高校、社会间的联动机制

庭教育与学校教育要形成密切联系，不能是孤立隔断开的，要以多种形式相互沟通。家庭要把孩子在家里的表现反映给高校，高校也要把孩子的动向及时跟家长交流。当大学生出现消极情绪时，要给予引导，发掘孩子的潜质，更好的去培养他们。高校要及时调整自己，以适应变化着的社会，尽可能多的与社会各单位接触，积极的让学生投入到社会活动当中，加强他们的成熟程度；让学生做志愿者，使他们在为社会献爱心的过程中获得积极力量，增加幸福感。要让学校，家庭以及社会之间形成关联，形成积极教育的良好环境系统，携起手来，在培养大学生人格的道路上共同合作，让大学生们身上拥有更多的美德。

积极心理学对个体所处的积极社会组织系统是非常重视的，积极心理学认为社会、家庭、学校、单位等处于一个和谐、健康的系统中是有利于一个人产生积极情感体验，而积极的情绪体验最终可以使个体形成健康、积极的人格特征。因此，心理健康教育也应当关注积极的外在环境的建设，使得心理健康教育有一个有效进行的外在环境平台。

总之，学校、家庭、社会三者应相互配合，在理论和实践基础上不断地磨合尝试，达到一种全新的和谐状态。只有这个机制运营好了，才能在本质上改善大学生的心理健康教育，才能使得积极心理学更好的体现。

五、实现对心理健康教育的创新

通过对积极心理学理论的分析、整理以及明确积极心理学对心理健康教育的影响后，笔者认为将积极心理学引入心理健康教育，实现了心理健康教育从"传统"到"积极"的创新，具体体现在以下三方面

（一）理论基础的创新

1. 理论的变革

心理学是心理健康教育实践的理论来源和技术支持。什么样的理论决定什么样的实践。心理健康教育的"问题导向"模式是在传统心理学消极影响下形成的工作方式，究其实质是因其理论基础的性质决定的。积极心理学是不同于以往心理学的积极理念，是致力于研究人类积极力量与美德的科学，其理论给心理健康

教育注入了积极的血液，从消极走向积极，心理健康教育实现了理论的创新。

2. 理论的整合

心理健康教育虽然轰轰烈烈发展二十多年，但是，这二十年来心理健康教育可以说是在没有相对确定的理论基础的情形下倔强地成长着。它就如同一个流浪的小孩，一会敲敲精神分析的门、一会拍拍人本主义的窗，在行为主义家寄宿几天又在认知心理学家短暂做客。心理健康教育游走在各种理论之间，虽说亦可以集各家之长来实现自己的目标，但是没有统一的思想和理念指导下的心理健康教育实践工作不可避免地会出现"一家一个做法"，干预手段随实际工作者对各理论的掌握程度或喜好而定的现象。

积极心理学将散落在心理学领域中的有关积极内容的研究集合在一起，用科学的方法来探索人类的积极品质和力量，建立了自己的研究体系，拥有了自己的研究方法和治疗技术。因此积极心理学对心理健康教育理论基础创新还表见在理论的整合方面。

（二）教育思路的创新

1. 构建积极品质，实现积极预防

心理学研究发现人类自身存在着可以抵御精神疾病的力量，它们是：勇气关注未来、乐观主义、人际技巧、信仰、职业道德、希望、诚实、毅力和洞察力等等。积极心理学认为单纯地关注个体身上的弱点和缺陷不能产生有效的预防效果，人类自身的积极品质和美德正是战胜心理疾病的力量，通过发掘并专注于人类自身的积极潜力，就可以做到有效的预防。

积极心理学认为在预防工作中最重要的是要在个体内部系统地塑造各项能力，而不是修正缺陷。预防的主要任务是构建一门有关人类力量的科学，其使命是去弄清如何在青年人身上培养出这些品质。通过可靠并有效地测量这些起到内驱力的积极品质，进行适当的纵向研究来弄清这些品质的形成过程、途径，并进行恰当的干预以塑造这些品质，采取方法增强这些积极品质从而实现积极预防。也就说心理学家教会人们如何使用乐观的品质，就可以非常有效的来预防抑郁和焦虑，而不是去一味地去修正缺陷。以此类推，如果我们希望处在高危情况下的青少年能都避免出现问题，有效的预防不是简单的去治疗，而是发掘并培养他们自身所拥有的积极品质。

2. 使用积极指标，评价心理健康

积极心理学家 Diener 认为心理健康有三个标准：一是主观性，心理健康是个人的主观体验，客观条件只作为影响主观体验的潜在因素；二是积极方面理健康并非仅仅只是消极因素较少，同时也是积极因素较多；三是多维性心理健康应包括个人生活的各个层面。还有学者认为，心理健康分为正负两个方面，它不仅仅是负面情绪、情感的减少，同时也是正面情绪、情感的增多，幸福感、生活满意感都是心理健康重要的测量指标。

国际心理卫生大会提出的心理健康四条标准中就有一条是"具有幸福感"。国内也有越来越多的学者把幸福感作为心理健康的正面指标。，或者作为心理健康的一个正性维度，或者作为心理健康的一个内容。程灶火等认为：生活质量与幸福感研究是心理学传统目的的补充，有利于增进人们对心理健康的理解，同时也为探讨心理障碍的机制提供一种新的途径。。可见，幸福感与心理健康有着非常密切的关联。幸福感是基于个人对生活的感受、态度和评价而建立的指标，它是通过人们的心理状态、满意程度的测量而获得的，能深刻地反映心理素质的综合状态，是解释和衡量心理健康水平的正面的、核心的、重要的指标，为全面反映心理健康水平开辟了途径。

（三）技术手段的创新

1. 多种测量技术

积极心理学理念下的新型心理健康教育以正面指标评价心理健康状况作为正面评价指标之一的幸福感的测量技术已经形成以结构化问卷测量为主体并结合其他评估技术的多样化测量体系，为全面、准确、深入揭示幸福的本质评估生活质量、生活满意提供着坚实的技术基础、技术支持。

2. 积极心理干预

积极心理学认为，"治疗并非首先以消除病人身上现有的紊乱为准，而是首先在于努力发动患者身上存在的种种能力和自助潜力"，治疗在修复弱点的同时，更要培养和建立人们自身的优点和力量。因此，新型心理健康教育致力于用积极干预来进行心理问题的解决。积极心理干预从人的发展的可能性入手通过激发人的内在积极潜力从而实现问题的消解与积极力量的升华。积极干预主张用人类自身的积极力量来完成心理疾病的预防和治疗。这种积极力量不是通过外在的灌输获得的，而是在干预中个体自主建构得来的，是个体积极品质的发掘与培养、积

极力量的保持与提升。

第三节 构建大学生积极心理健康教育模式

一、大学生积极心理健康教育的内涵及特点

（一）大学生积极心理健康教育

大学生积极心理健康教育主要是以挖掘大学生潜力与积极心理品质为重点，对大学生开展全方位的积极快乐的教学而使其产生幸福体验，是培养和发展大学生积极人格的教育实践活动。积极心理健康教育虽然重视大学生的缺点与问题，但最核心的理念是积极主动寻找并挖掘学生内在的积极品质，并在教育实践中不断发扬这些优秀力量，从而使传统的心理健康教育思想得以解放、观念得以更新、理念得以升华，使教育更好地适应大学生成长成才的需要和现代社会的发展，并培养出适应现代社会发展的人。

大学生积极心理健康教育是大学生学习过程中的重要组成部分，主要以积极心理学理念为指导，通过积极方法培养大学生积极向上的精神和人格，并根据大学生心理发展规律，针对大学生心理问题采取相应措施进行解决，进而挖掘大学生积极潜力。通过多种教育实践活动帮助大学生发展和提升综合能力，激发大学生潜力，这对于大学生未来发展具有重要意义。

（二）大学生积极心理健康教育的基本特征

1. 倡导积极的取向

积极取向是指积极心理学关注的正向目标，它与消极心理学不是对立的关系，而是在此基础上倡导心理健康教育的积极方向。积极心理健康教育使大学生在面对问题的时候要用积极的心态予以解决，同时注重培养大学生积极认知生活。大学生积极心理健康教育是在积极心理学的基础上提出的教育模式，教育理念是培育大学生的积极品质，发掘大学生的积极潜能，发挥大学生积极的正向能量。它的关注点不再是传统心理健康教育中大学生的心理疾病和心理问题，不再是"治病式"的教育模式，而是对大学生心理问题的一种重新解读，即整合人类积极品质方面的内容，重点关注大学生的积极品质和积极力量，倡导大学生要用积极的心态面对生活中发生的问题和现象，激励和发掘大学生身上固有的积极潜能，从

而使他们能够感受到更高的幸福指数。

2. 注重积极的体验

积极体验是积极心理学研究的一个重要内容，主要是个体自我的心理享受。而大学生积极心理健康教育注重积极体验，来自于大学生要打破自己固有的某种自我平衡时所产生的一种"心理享受"[①]，也就是指大学生所做的超越了自身的原有状态后所带来的里愉悦的感受。比如，大学生在某些比赛中突破自我达到了一个全新的层次，或者在学习过程中解决一些难题。积极体验与大学生创造力相关，对于个人发展具有重要意义也对社会发展产生重要影响，使大学生幸福感更强，也更有利于大学生成长和成就感的产生。

3. 形成积极的思维

与传统心理健康教育不同，大学生积极心理健康教育注重培养大学生形成积极思维。人的心理和行为常常受思维所影响、控制，培养大学生形成积极思维，以乐观向上的心态看待学习和生活、竞争和压力，从积极豁达的角度为人处世、待人接物，就能够减轻自身的烦恼和压力，坦然面对遇到的一切困难和挫折，努力发现事物的积极因素和积极方面，积极寻求解决问题和和战胜困难的办法。

二、大学生积极心理健康教育的原则

大学生积极心理健康教育在遵循传统心理健康教育原则的基础上，又有着自身的一系列原则。

（一）正面引导原则

在积极心理教育中，应从正面引导大学生对生命的热爱和珍惜，开发各种潜力培养积极心理品质，增强心理免疫力和对不健康心理的抵抗力。在教育过程中应该尽量去选择那些积极的主题，例如过去我们把太多的注意力放在了悲观的解释风格是如何形成的、悲观如何导致抑郁以及如何防止悲观等问题上，那么现在我们就要更多地去谈论乐观是如何形成的、乐观如何增进健康以及如何去学习乐观等。

（二）成功性原则

在积极心理教育中，组织的各种教育活动都必须使学生产生成功快乐的体验、减失败的体验。成功对大学生的发展具有很大的激励作用。心理学研究认为，

[①] 心理享受是指来自个体固有的某种自我平衡的打破，即超越了个体自身的原有状态。

学生在习活动中取得成功和失败，会引起心理上不同的情绪体验，并且这种体验有一种循环效应。一般来说，取得成功的人，通常所产生的是一种自我满足和积极愉快的情绪体验，而遭到失败的人，体验到的却是一种痛苦和失望的消极情绪体验。

在大学生的发展过程中，自尊、自信是一种非常重要的心理品质，而成功与自尊自信可以说是有一种千丝万缕的联系。一个人如果在大学时代能对自己的学习、工作怀成功的信心，必将会为他将来从事的社会事业打下良好的心理基础。在个人发展的过程中，成功本身也许并不重要，但人们需要体验到做成自己想做的事，实现自己的计划时那种满意的心情，即体验到成功的感觉，所以在大学生积极心理教育中要始终贯彻成功性原则，使大学生体验到成功的感觉，以激发学生固有的积极品质和潜力。

同时在积极心理教育的过程中，要引导和帮助学生正确面对失败。因为由于各种主客观因素的限制，大学生在学习和生活中受挫是常有的事，关键是怎样对待所遇到的挫折和不幸。

（三）参与性原则

在积极心理教育中要注意让学生参与所开展的教育活动，当教育的要求通过学生积极的体验转化成学生内部的需要、感受时，教育的要求也就真正为学生所有了。因此在积极心理教育中，要通过各种形式的教育活动创设条件，设置情景，让大学生在积极情绪体验中参与活动，从而使心理健康教育的效能得到提高。

（四）团体训练原则

积极心理教育的对象不仅仅是学生的问题和问题的学生，而是全体学生心理潜能的全面开发和积极心理品质的全面发展，所以应该以那些能够涉及更广大学生群体的教育方式为主导，具体包括开设心理健康教育课程，团体辅导、讲座和各种媒介的宣传等，要充分体现群体互动的力量，强调资源共享，传播幸福、共同进步。

（五）评价多元化原则

在积极心理教育中，为了更好地促进学生的发展，突出评价的发展性功能，评价应以形成性评价为主。在评价中，采取评价尺度多元的方式对不同的学生采取不同的评价标准进行评价，使所有学生在自我努力的基础上取得自己满意的结果。用多元智能理念审视、武装评价大学生，这样才能使大学生正确认识自己，通过自己的努力达到自己理想中的目标。也可以学生学会发挥优势，为自己发展科学定位和科学设计。

（六）系统性原则

新型心理健康教育是积极心理学理念下的系统工程，不仅关注个体心理研究，也强调对群体和社会心理的探讨，在注重人的内在积极力量的同时，也探讨个体与群体、社会文化等外部环境的共同影响与交互作用。同时，积极心理健康教育是渗透到各育之中的，因此要使各种教育活动、教学活动和心理素质的培养结合起来，协同发展，使各种教育、教学过程都成为有意识培养良好心理质量的过程。

新型心理健康教育的系统性体现在三方面，一是关注个人发展的全部环节与过程，即个人发展的整个系统；二是系统地发展个人，从促进人发展的各个层面有序地、有组织地完成个人的系统塑造；三是在促进个人发展的同时，强调建设外周系统，使个人成长与环境建设整个系统协同发展，在系统的环境里完成人的系统培养与塑造。

三、开展大学生积极心理健康教育的重要性

（一）有助于培养大学生积极的心理品质

大学生正处于青春发育后期，受生理、心理以及客观环境变化的影响，常常表现出在生活中情绪不稳定，时而富有激情，时而产生负面情绪，容易冲动，缺乏对消极情绪的自我调试能力，心理承受能力和应对挫折能力较差。有的大学生经常会情绪不稳，莫名其妙地焦虑、烦恼、浮躁不安，甚至一次小的失败体验，就产生对自身的怀疑和否定；有的大学生则情绪反应强烈，遇事不冷静，常常控制不住自己的情绪，自我意识尚处于发展过程中，在面临突发的消极事件时容易冲动，情绪反应过强；有的大学生缺乏对消极情绪的调适能力，面对激烈的竞争或者无法解决的矛盾，容易产生抑郁烦躁和悲观绝望等不良情绪，甚至失去对生活的希望，严重者错误地走上了轻生的道路。大学生不稳定情绪以及不良习惯严重影响大学生身心健康发展。积极心理健康教育关注、开发人的积极的心理潜能，如培养大学生积极的心理品质、大学生积极思维方式、积极的情绪情感体验、积极的习惯养成、积极的人格培养、积极的认知方式、积极的意志品质等，这有助于有心理问题的大学生从不良的情绪中走出来，以积极乐观的情绪面对自己的心理困惑，从而形成大学生积极向上的心理品质。

（二）有助于增强大学生对未来的适应性

社会适应性起源于达尔文进化理论学说"适者生存"一词，后来专指人与社会的关系，它包括人与自然的各种关系以及相互影响的方面。而大学生社会适应性主要强调的是在当今时代背景下，大学生面对社会的竞争压力下，寻找自我与社会的的平衡感，及时改变自身的角色、功能，积极融入社会中去。现在处于科技文化技术水平的飞跃时代，社会对于人才的需求增多，要求的专业性也有明显增长，大学生的实践能力受到了各方面的重视，特别是随着市场经济的逐步完善，社会的竞争异常激烈，对人才的要求也发生不同程度的变化。面对这样的社会大环境，大学生想在未来的社会发展中站稳脚跟就必须增强社会适应性，拥有坚强的心理基础，以对社会的不同需要做出适当调整。大学生积极心理健康教育可以教授大学生如何增强社会适应性，确立一个较为合适的目标，保持内心积极向上的态度，不仅对社会发展是一种保障，同时也是一种自我能力的提升。正确认识自己所面临的压力和挫折，可以让自己更客观详细地去思考身边所存在的问题，能够全面对自我和社会问题进行分析，并根据反馈制定详尽的计划予以执行，让自己在以后的社会生活中都可以积极勇敢地面对一切。因此，大学生积极心理健康教育对于增强大学生社会适应性，为未来发展奠定坚实的心理基础有着不可或缺的重要

（三）拓展了大学生心理健康教育的内涵

积极心理学将研究对象由病态心理转为积极的心理特质，共包括了3层含义。第一层含义是以促进个人进步为目标，给予个人比较积极的心理特征。像良好的与别人相处，建立健康的社交关系，良好的适应能力等等。第二层含义是从体验角度来看的，关注人的积极体验，以提高人们的幸福感为己任。第三层含义是从环境与社会的角度出发，包括个人社会责任感、利他性等等。所以摒弃以往的悲观思维，以积极心理学的理念来研究高校心理健康教育，必将大大的拓展积极心理学的内涵，变以往单纯修复式的心理学教育为培养个人积极思维，积极层面的教育。

学生不再对于大学生心理健康教育有所曲解，高校将重点放到以前并没有关注到的那些"健康"的孩子们身上，并且使每个学生都意识到，他们是优秀的，他们自身具有巨大的潜能和实力。把对高校心理健康教育研究的消极取向变为积极取向，通过对积极心理特质的研究，培养学生的积极情绪，塑造其积极品质，打造积极的环境，帮助学生更好的去感受和追求幸福，更好的展示长处，这将极

大的丰富大学生心理健康教育现已具备的内涵，使大学生心理健康教育的视野更加开阔。

（四）促进了大学生心理健康教育的创新

第一，利用积极心理学的理念，高校心理健康教育工作的理论基础得到了创新。大学生心理健康教育在我国自兴起以来，始终缺乏统一的理论做支撑。相应的，在具体的教学和指导学生的过程中究竟使用哪种方法，也只能凭借着老师的偏好。以积极心理学为理论基础的高校心理健康教育工作将大量涉及到积极研究的部分汇聚起来，拥有独自的研究体系，过滤掉传统心理教育的消极性，以塑造学生积极人格为主，提高了其时效性。

第二，通过对积极心理学理论的研究，高校心理健康教育的工作实现了研究方法的创新。目前我国设计的针对高校学生心理健康测量的问卷有大学生人格问卷、精神症状自评量表（SCL-90）、生活实践调查表等等。这些主要是测量学生的心理方面问题，测量本身就存在负面倾向，可以说根据这些测量方式来全面的评判学生的状况是并不适宜的。以 SCL-90 为例，在以大学生为样本的大多数研究中，大学生的精神症状自评量表（SCL-90）因各项得分都较高就认为学生们存在问题是有失客观的。

告别传统心理学的方式、以积极心理学理论为指导的高校心理健康教育测量技术采用正面指标，把测量重点放在学生的主观情绪体验上，引导学生们关注自身的积极人格，提高幸福感，正确的评估他们的生活质量。在发现问题之后，更多的是采用积极地干预方式，挖掘学生的潜能，以潜能的力量来对抗问题和消极影响，从而促进学生的成长。

（五）有助于实现大学生心理健康教育的目标

传统心理学将健康心理定义为没有心理疾病。我国高校目前将心理健康教育工作的重点放在对于大学生的病态心理的咨询和治疗上。然而，我们还应该清醒的意识到，在心理健康和心理疾病之间却存在着一定的空间，我国当下的心理健康教育却全然将它给忽视了。这种失去了平衡的"类医学"式消极教育使学生的许多正常积极功能，如自我完善、自我激励等等，受到了极大的限制，教育自身也因而容易走进死胡同。"然而在积极心理学家的眼中，没有问题的人并不代表着他就是一个快乐的人，他已经拥有了幸福的生活。"积极心理视角下的大学生心理健康教育强调挖掘学生的积极潜力，强调教育并不只是纠正学生的错误和不足，教育更主要的应是寻找并研究学生的各种积极品质（包括外显的和潜在的），并在实践中对这些积极品质进行扩展和培育,这是一种对教育进行重新定位并适应现代社会的新观念。"[①]倡导学生用积极地态度面对生活学习当中遇到的问题,并且鼓励创建十分有意义的积极预防思想。逐渐引导学生去追求幸福,不断地完善自我,不再自卑而充满自信,引导他们发现自身的长处,从而达到大学生心理健康教育本应到达的目标,实现其价值。

(六)有助于引领社会成员形成积极的社会心理

处于社会转型时期的中国还存在着许多的社会问题,社会成员面临着就业、住房教育、养老等诸多压力,极易滋生和存在诸多心理问题,如消极的情绪、悲观的心理等,甚至有自杀的极端行为和反社会的行为,不能够客观看待当前社会的一些问题和现象。因此,全社会迫切需要积极的正能量传播,需要引导人们能够自觉发现自身的积极因素的助推力。对于大学生群体而言,他们接受高等教育,无论是专业素养还是个人思想素质,都能够影响着社会其他成员的道德水平和心理素质。另一方面,大学生作为国家的脊梁和新生代的力量不容小觑。因此,通过大学生积极心理健康教育,培养大学生群体形成积极、健康、向上的社会心理,唤醒心底的正能量,保持良好的状态,形成广泛的示范带头作用,从而为在全社会形成积极理性平和的社会心态提供有力引导。

四、开展大学生积极心理健康教育的途径

(一)开设专业的积极心理健康教育课程

开设大学生积极心理健康课程,是对大学生实施积极心理健康教育的有效途径,也是促进大学生心理健康教育良性发展的必然选择。积极心理健康教育课程在国外早已有之,美国和欧洲一些国家的高校都开设了有关积极心理健康教育的课程,如哈佛年轻的讲师泰勒·本·沙哈尔开设的传播积极心理的幸福课,非常受大学生的欢迎,取得了良好的教育效果。专业的积极心理教育课程不同于以往的心理健康教育课程,需要懂得积极心理学知识的教师授课;学生使用的教科书也与传统意义上的教材不同,而是使用具有积极意义和积极内涵的心理健康教育书籍;在课堂上讲授的教学内容更多的是积极理念和正能量信息,如教会学生如何增进主观幸福感、如何让大学生提高对生活满意度、如何开发大学生自身的心理潜能、怎样使大学生充满乐观和希望等内容,以此培养大学生形成积极的心理品质和积极的人格特质,使大学生们积极面对生活,对未来生活充满希望。积极

---

① 任俊著,《积极心理学》,上海教育出版社,2008.

心理健康教育也要改变传统心理健康教育的授课方式,也就是不再是列举些消极的事例,而是通过积极的实践活动让大学生参与其中,引导大学生形成积极的健康的心理。

(二)通过多学科教学渗透积极心理健康教育

教学活动是学校教育最主要、最基本的活动形式,学生获得知识、发展能力、形成品德、掌握方法主要是在教学活动中实现的,这就使得在教学活动中渗透积极心理健康教育具有时间和空间上的优势。高校应通过各门学科的教学活动对大学生进行积极的心理健康教育工作。在多学科教学中渗透积极心理健康教育,教师首先要营造轻松愉悦的教学氛围,激励并支持学生在专业课学习中积极思考、主动参与、努力探索,在平等合作、融洽的师生关系中愉快完成教学任务,潜移默化地培养大学生积极的心理品质此外,教师还应该具有积极的心理品质,并以自己的身体力行和言传身教影响和带动学保持积极心理,以积极乐观的心态正确面对学习中的问题和困难。良好的教育方式能够塑造和培养全体学生的积极心理品质,各学科教学还要通过不断完善教学内容和教学方法,引导学生用积极的角度看待问题、用积极的心态处理问题,从而做到能够积极预防可能出现的心理问题。在多学科教学过程中渗透积极心理健康教育,就是要把大学生积极心理健康教育融入到专业课学习中,是用能够涉及全体大学生的教育方式培养大学生的积极心理品质,各学科的教学可以从不同的角度,运用多种方式,使大学生积极心理培育形成一种常规的、持续的状态,这不仅有助于培养大学生的积极心理品质,更能够使大学生积极心理健康教育取得良好的效果。

(三)开展积极的社会实践活动

开展积极向上的社会实际活动,能够使学生踏出学校的大门,参与到积极的活动之中,对于社会环境有更好的了解,对于自身适应社会的水平有一定提高,锻炼自己的毅力,有目标的培育自身的积极力量,加强自身的责任意识,逐渐变成心理教育的核心方式。开展积极的社会实践活动,需要学校与社会相关部门及人员的相互配合。学校可以与社会上的爱心机构合作,给学生们提供当志愿者服务的机会,让大学生参加公益活动,在帮助别人的同时体会到用自己的积极力量去帮助他人、感染他人、给需要的人提供服务的自我效能感,为社会正能量的传播贡献自己的一份努力,这更有助于培养大学生的积极品质,养成乐观的人生态度。积极的社会实践活动,不仅仅是把大学生带出校门,也可以将"社会实践活动"引入到校园中来。学校可以把社会不同领域的成功人士请到校园中来,在学校举办各种类型的讲座、见面会，讲述成功的经历与过程，用他们成功的案例展示他们积极的力量，用榜样身上的积极力量引导学生建立信心，发掘自身的积极品质，以此感染和带动大学生形成积极向上的心态。

（四）采用积极心理测量技术

心理测量是采用某种可以将心理现象量化或划分范畴的测评或量表对测试对象的心理特征或行为进行描述，对人的行为表现及心理特征做出数量化的解释。心理测评是心理学服务于社会的一个重要手段，在心理健康教育中应用积极心理测量技术，可以得到比较客观的筛查、评估和判断学生心理健康状况的依据，从而增进心理健康教育的科学性，促进心理健康教育工作的深入开展。

积极心理测量除了提供获得研究数据的技术方法之外，还可以通过了解人类优点的这一过程促进测试者的积极反应。首先，测试者可以看到协助者正试图了解其全面信息；其次，向测试者表明他（她）与问题不是等同的；第三，测试者没有增强其"有了问题"的想法，而只是鼓励考虑其优点。第四，来访者可以回忆和改造一些个人价值观，这些价值观可能在来到心理健康专业人员前就已经消失，实现心理问题的消解；第五，考虑来访者的优点可以促成信赖，使来访者与心理健康教育工作者建立良好的工作关系；随后，来访者打开心扉并提供信息，通过这些信息可以为进行积极干预做好准备。

（五）实施积极心理干预策略

诺佩塞施基安（N. Peseschkian）认为人具有两种基本能力：认识能力和爱的能力。认识能力和爱的能力是每一个人都毫无例外地具备的心理素质，它为每一个个体开辟了广泛的可能性。在现实生活中，它必须分化为各种现实能力：认知能力的进一步分化、发展可以产生准时、条理、清洁、礼貌、诚实、节俭等现实能力；爱的能力的进一步分化、发展导致了像爱、榜样、耐心、沟通、信任、希望、信仰和肯定等现实能力的产生。人的心理疾病就是这两种基本能力在不同文化背景下分化为个体的现实能力时发生冲突的结果。

在积极心理治疗过程中，治疗师关注来访者的积极品质，注重培养来访者的积极反应。首先，通过积极心理测量，来访者可以体会到治疗师正试图全面了解其品质，而不是只着眼于其"问题"。其次，治疗师向来访者表明他（她）与"问题"不是等同的，并鼓励其关注自己的积极品质，这样可以使来访者改造个人价值观，从而减轻其内心不必要的冲突。第三，关注来访者的积极品质可以促进来访者与治疗师之间的充分信赖，建立良好的治疗关系。积极心理治疗可以让来访者在关注中愉快而充满信心地积极解决其问题。第四，在治疗过程中运用直觉与想象，运用故事作为治疗师与来访者之间的媒介，强调激发来访者的主观能动性，使来访者最终成为积极治疗者；第五，在积极心理治疗中，通过其自身的积极品质帮助来访者达到心理健康，是自身能力不断提升的实现。第六，积极心理治疗给来访者树立起信心和希望，调动起其潜能，最终"问题"被解决了，人也会变得更有力量。第七，积极心理治疗同样致力于人们的日常生活，积极心理治疗是通过考虑个人和环境优点而进行的积极过程。因此，在日常生活中如何积极地沟通、表达、自助、增进交往能力并保持健康是也积极心理学关注的核心。

五、形成大学生积极心理健康教育的合力

（一）家庭心理教育的积极配合

家庭是培养大学生积极心理品质的重要场所，大学生耳濡目染的受到父母的影响父母的心理状态积极与否对大学生的性格及心理品质有着重要的影响。因此，家庭心理教育的积极配合在大学生积极心理品质培育过程中发挥了至关重要的促进作用，家庭形式的心理教育会在一定程度上成为大学生积极心理健康教育的重要组成部分。因为家庭心理健康教育具有长期性和易沟通性等优势，使家长更容易理解孩子的心理变化和情绪反映，从而能够及时采取有效的措施进行积极的心理疏导和干预。

在家庭心理教育中，家长首先要树立积极心理健康教育的观念，加强积极心理学知识的学习，掌握积极心理健康教育的内容，根据孩子心理发展不同情况的差异性，采用不同的教育方法，使孩子形成积极乐观的心理品质。家长还要引导孩子正确看待生活和学习中的挫折和困难，正确看待成功和失败，及时进行批评与自我批评，及时纠正自身的缺点，勇于承认错误，形成正确认识问题和处理主要问题的健康状态。与此同时，家庭式心理教育应该与大学生积极心理健康教育同步进行、积极配合，要加强家庭和学校之间的联系，家长要了解孩子在学校的心理情况，实现家庭和学校的双向交流，发挥学校和家庭配合教育的最大合力作用，有力推动大学生形成积极的心理品质。

（二）社区成立积极心理咨询机构

社区是个小社会。除学校和家庭外，大学生居住的社区氛围也影响着大学生的心理状态。所以，进行大学生积极心理健康教育必须要更好的体现社会相关作用。可以依靠社区医院形式创建一些心理健康的相关咨询点，开展积极心理咨询

活动，将积极的心理健康引入社区成员的日常生活中。社区积极心理咨询是社区组织协同社区医院提供的种服务性工作，主要是心理咨询服务人员运用积极心理学的理念和知识，缓解社区成员的心理矛盾，解决心理问题，进而培养社区成员的积极心理品质。

社会积极心理咨询机构可以通过多种渠道开展积极心理咨询，一是开展社区居民的心理健康普查工作，建立心理档案，了解社区居民的心理特点和心理动态，有针对性的开展积极心理健康服务。二是通过社区宣传栏传播积极心理健康知识，宣传积极心理的维护与积极情绪的调节，对社区居民的心理起积极导向作用。三是开展积极心理健康主题座谈会，以孩子的教育、家庭人际关系、保持积极情绪等问题进行社区成员之间的相互交流，以自身真实经历引导社区成员的积极心理。四是开展积极向上的文体活动，可播放励志电影、组织主题晚会、举行献爱心活动等，营造积极、向上、健康、和谐的社区氛围，使生活在社区的每一位居民能够真切感受到积极的正能量。

（三）大众传媒传播积极的正能量

大学生积极心理健康教育的进行必须获得社会的一定支持，但是积极向上的气氛是培育大学生积极心理的重要外部因素，社会是否传播积极的正能量直接影响着大学生积极心理的形成和大学生的健康成长。社会传媒应该关注大学生的心理健康，为大学生提供科学的信息，优化舆论环境，把社会效益放在第一位，营造积极向上的环境气氛，在一定程度上为大学生打造积极向上的成长环境和心理环境。大众传媒要在全社会传播积极正确的舆论导向，在宣传、理论、文艺、出版等方面要坚持社会主义主旋律，弘扬社会积极的正能量，宣传积极的社会信息，如客观、公正的报道先进人物和事迹，大力宣传大学生群体积极救人、见义勇为、互帮互助的先进人物和典型，使之在大学生群体中引起广泛认同感。同样，各种类型的网站要牢牢把握社会舆论的正确导向，对于社会责任进行一定承担，进行多样化的网络教育形式。要加大力度进行积极健康的文化产业的发展，为大学生创造良好的文化服务平台。良好的社会舆论氛围能够帮助大学生积极心理健康教育的开展，有助于形成多方位的合力达到事半功倍的教育效果。

第四节　积极心理学视域下的大学生幸福观培育

积极心理学领域一个主要的研究方向便是积极的情绪体验，主要将能够引发个体出现接近性行为或者行为趋势的情绪都划归为积极情绪，表现为个体对过去回忆的满足并幸福地享受现在，同时对未来具有乐观期望的心理状态。因此，培养大学生群体的主观幸福感十分重要。哈佛大学的导师沙哈尔提出幸福的产生应当是快乐同意义的深度融合，使得学生可以在日常活动中找寻幸福、享受幸福、分享幸福，最为核心的便是在普通生活中挖掘出生活的意义。

一、大学生幸福观培育相关概念

（一）幸福与幸福感

"幸，吉而免凶也。""福，佑也。"这是许慎在《说文解字》中对幸与福的解释。喜、怒、哀、乐、爱、恶、惧是人的七种情绪，现代生活中喜往往与幸福挂钩，何为幸福？为什么人会不幸福？对于幸福的界定众说纷纭，无统一定论。积极心理学创立者塞利格曼教授将幸福分为两种，一种是真实的幸福，内涵为"生活的品质等于幸福的时光减去不幸福的时光"；一种是持续的幸福，需要积极情绪、投入、意义、成就与人际关系的满足才能保持长久的幸福。马斯洛的需要层次理论在诠释幸福与需要满足的过程中揭示了人类对于幸福的需求存在差异，只有衣食住行等初级需要得到满足后，才会追求安全感、爱情等高层次的需要。本书认为幸福作为一种情感体验，往往与人的需要满足程度相关，具有较强的主观性，而需要满足程度的高低通常以幸福感形式表现出来。幸福的产生依赖于人自身需要的满足以及人为之实现所付诸的行动。

幸福感则产生于人对内外部环境的刺激所进行的客观评判，所得的结果为积极向上令人喜悦时幸福感则会产生。塞利格曼教授认为"真实的幸福感必须来自自己的努力"。幸福与幸福感的实现赖于人们坚持不懈地奋斗，习近平总书记曾说"幸福都是奋斗出来的"。对于当代大学生而言，不断为自己设定目标并努力去实现以及积极参加有价值意义的社会实践活动皆会对其幸福感产生积极影响。

（二）幸福观与大学生幸福观培育

幸福观是指人们世界观、人生观、价值观的具体反映，是人们基于对幸福的理解认在自我幸福感基础之上抽象出来的一种社会观念。受个体知识水平、情感认知、人生阅历等因素的影响，每个人对幸福观的认识亦不同。大学生幸福观培育是教育主体依据教育客体的实际健康发展需要并结合社会发展的要求，通过各种形式循序渐进地引导教育客体树立积极的幸福观、正确认识与辩证处理幸福的享受与创造二者关系的实践活动。

习近平总书记在2018年全国教育大会上指出："要努力构建德智体美劳全面培养的教育体系，形成更高水平的人才培养体系。要把立德树人根本任务融入思想道德教育、文化知识教育、社会实践教育各环节，贯穿基础教育、职业教育、高等教育各领域。"培养具有健全人格的人是大学的育人目标之一，幸福观是健全人格的基本表现。新时代背景下大学生的幸福观现状不尽人意，大学生在享受社会发展带来便利的同时也在遭受着快节奏生活带来的各种压力，对幸福的认知产生偏差，比如有钱即幸福、幸福即享受等。社会发展之迅速所应达到的幸福期望值与所面临的现实之间的差距易使大学生对幸福的理解出现偏颇，同时高校的幸福观培育存在理论与实践脱节等问题。大学生是时代新思想、新潮流的引领者，因此高校心理健康教育者应对大学生的幸福观培育予以重视，并以提高受教育者的学习能力与幸福指数为目标，采取相关措施帮助大学生树立正确的幸福观，促进大学生的健康全面发展。

二、大学生幸福观培育的原则、目标及内容

（一）培育原则

1. 坚持全面系统原则

首先，要以学校为主，同时需要社会、家庭、个人的全力配合，帮助大学生形成正确科学的幸福观；其次，要将幸福观教育与积极心理学及世界观、人生观、价值观教育紧密结合。大学生是社会中的人，要帮助大学生实现个人幸福与社会幸的统一，同时要正确处理物质与精神需求的关系；最后，要注意共性与个性的结合，既要结合新时代大学生幸福观的共同特点开展相应教育，又要分析学生幸福观存在差异的原因，因材施教、对症下药，有针对性地引导学生正确认识与追求幸福。

2. 坚持实践体验原则

只有将幸福观教育融入宏大的时代主题和细微的生活实践，并与之深度融合，才能让主体真切感受幸福，并为全人类的幸福事业奉献力量。幸福观的培育不只是让学生能够正确地认知幸福，更重要的是让学生学会体验创造幸福。因此，在

进行培育时应借鉴积极心理学中的 PEMRA 理论，开展感恩、希望等主题教育活动，引导大学生感悟幸福，激发大学生的主观能动性，提高大学生创造幸福的能力。

3. 坚持与时俱进原则

人类的进步与时代的发展相辅相成，十九大报告中提到，我国社会主要矛盾已经转化为人民日益增长的美好生活需要和不平衡不充分的发展之间的矛盾。大学生的幸福需求也发生相应变化，因此高校心理健康教育者要适时地对大学生的幸福观进行调查研究，及时准确地把握学生的思想动态，在此过程中也要及时吸纳积极心理学的新成果，将大学生的幸福观培育与积极心理学相融合，实现大学生幸福观培育的创新性发展，增强大学生幸福观培育的实效性。

（二）培育目标

大学生幸福观培育目标的确立要充分解读并结合高校心理健康教育内容，以心理健康教育为根本依据，从积极心理学切入进行拓展延伸，以提升大学生的思想道德水平为追求。同时要注意不仅需要密切关注大学生的现状，学生迟早会步入社会，而且更重要的是放眼大学生的未来幸福生活。因此培养目标既要科学合理，又要正确长远，致力于让学生能够真正地感知幸福、体验真实的人。

生大学生幸福观的培育目标主要包含三部分内容，致力于提升大学生的三种能力，一是正确认知幸福的能力，科学理性地辨识"什么是幸福"，确立正确的幸福观；二是感悟体验幸福的能力，学会在生活学习中感知幸福、体验幸福、发现幸福的真谛与实现途径；三是追求创造幸福的能力，挖掘大学生的潜在优势，激发大学生创造幸福的主动性。

（三）培育内容

幸福是积极心理学的主题，塞里格曼利用 PEMRA 理论即幸福 2.0 理论阐述自己的幸福观，认为人生的蓬勃程度是衡量幸福的标准，该理论共由 5 部分组成，分别是积极情绪、投入、人际关系、意义、成就。大学阶段是人生中的关键阶段，大学生的幸福观影响着他们未来生活的蓬勃程度，由此看来积极心理学的主题与高校心理健康教育的目标具有一致性，大学生幸福观的培育内容应融合积极心理学的幸福理论，主要包括认知幸福的能力——培养积极情绪体验、感受幸福的能力——建立积极的朋友圈、追求幸福的能力——提升创造成就的行动力。

1. 认知幸福的能力——培养积极情绪体验

处在人生特殊时期的大学生，他们的情绪体容易受到自身学业、就业、情感等的影响，消极以及否定的情绪很容易被激发，由此而产生的负面因素对大学生的身心健康具有严重影响。大学生的幸福观培育要着力于培养积极情绪、增加积极体验，坚持心理健康教育中的主体原则，把握当下大学生的幸福观特点，将积极心理学的幸福理论传授给受教育者，让受教育者能够内化于心、外化于行，成为个能够真正具有积极情绪体验、正确认知幸福能力的大学生。

2. 感受幸福的能力——建立积极的朋友圈

人是群居动物，具有社会性。积极心理学的多种实验研究证明，帮助别人是感受幸福的有效方法。大学是一个微型社会，构建和谐的人际关系对大学生而言必要且关键。高校的幸福观培育既要引导大学生正确地认识评价自我，又要正确地看待他人，帮助大学生在感受到人际关系美好的过程中建立自己的朋友圈，提升自我感受幸福的能力。

3. 追求幸福的能力——提升创造成就的行动力

幸福的人生并非是成功的人生，但有所成就的人生能给人带来幸福的体验。任何人在任何阶段都需要不断地努力奋斗，大学生肩负实现中华民族伟大复兴的重任，高校幸福观培育要激励大学生在不断实现目标中感受成功带来的喜悦，在潜移默化中提升追求幸福的能力。

三、大学生幸福观培育借鉴积极心理学理念的意义

现阶段的大学生幸福观培育仍拘泥于传统的教育理念与方法，随着时代的发展与大学生个性的变化，借鉴积极心理学理念是革新大学生幸福观培育理念与方法的需要，是积极力量与大学生身心健康发展的契合，也是增强幸福观培育实效性的重要举措。

（一）转变大学生幸福观培育的观念

大学生幸福观培育需要教育者、受教育者、教育环境等多方的共同努力，同时也需要与时俱进，不断更新教育观念。当前的幸福观教育模式依然是以教育者传授内容为主，并没有关注受教育者的实际需求，导致教育过程中出现理论与实践脱轨、学生认可度低等现象，最终致使幸福观培育实际效果不尽人意。积极心理学则注重改善人的消极思维，从人的美好积极品质出发，关注人的内心需求与外在环境等多方面对幸福的影响。这种积极的教育理念可以运用于高校大学生幸福观培育的全过程，用积极的品质来影响教育者与受教育者，用积极的力量来改善教育环境，能够激发大学生的内在潜力，让大学生感受到幸福的力量。观念引

领实践，积极心理学理念能够完善大学生幸福观培育的全过程，为增强大学生幸福观培育的实效性提供借鉴。

（二）完善大学生幸福观培育的方法

当前的大学生幸福观培育侧重于国家社会对学生的要求，以国家复兴、思想道德等为主，但是在学生层面的针对性教育有所缺失，诸如大学生的心理健康问题，这对大学生的幸福认知皆有影响。国外很多大学依据积极心理学理念，开设相关的幸福课程，深刻影响大学生对幸福的追求，因此高校开展幸福观培育工作要系统地传授有关幸福的知识，结合大学生的思想现状与具体特点充分挖掘发挥大学生的积极品质，让大学生正确地认知感受幸福。除此之外，积极心理学研究所运用的人格、生活满意度、幸福感测量方法为当前了解大学生幸福现状提供有力支撑，并且积极心理学尊重人的差异性，强调个性化发展，这会有效避免传统大学生幸福观培育重理论轻实践等缺陷。积极心理学的融入会完善丰富大学生幸福观的培育模式，增加幸福观培育的吸引力。

（三）引导大学生身心健康全面发展

大学生身肩实现中华民族伟大复兴的历史重任，需要从容地面对时代发展带来的各种机遇与挑战。身心的健康与全面的发展既是对当代大学生的要求，也是高校心理健康教育者培育人才的目标。引导大学生形成正确的幸福观，有利于教会大学生积极地面对生活，从容不迫地判断是非、处理挫折。积极心理学理念与大学生幸福观培育的融合，能够让大学生发现自身美好品质，健全身心人格，积极乐观生活，深切认知、体会与追求幸福。积极心理学能够弥补高校幸福观培育在激发个人积极力量方面的缺失，能够有效把握与满足大学生的内心需求，可以纠正大学生对幸福的认知，可以强健大学生的身心体魄，让大学生成为生活的主宰，在体验幸福中为实现自己的理想而奋斗。因此大学生幸福观培育需要融入积极心理学理念，同时有助于为国家社会培养身心健康全面发展的栋梁之才。

四、大学生幸福观教育存在的问题及原因

造成大学生幸福观存在很多问题的原因可以分为外因和内因。内因主要从大学生个体层面进行分析，外因主要从社会、家庭和学校这些外部环境进行分析。

(一) 个体层面

1. 个人主义思想严重

个人主义在哲学范畴里的定义是：在社会生活的实践中，凡事都从个人的人生观与价值观出发考虑问题，个人的欲望和利益至上，并不顾他人与大众的利益与感受，一切以个人得失进行思维的主张与行为的模式。个人主义在社会学领域里的定义是：一切从个体出发，把个人利益摆在首要位置，个人利益超越集体利益，凡事只考虑自己不考虑他人。所有事情首先考虑自己有没有好处，是否有利益可得，个人感受和利益是最重要的。从社会环境分析是由于独生子女政策所造成的结果，因为他们是家庭中唯一的孩子，他们所受到的关注和重视的独一无二的，很容易形成个人主义。

2. 大学生尚未形成正确的三观

大学生对婚姻、恋爱、金钱、消费、人际交往等问题认识还处于思考和探索阶段，这些因素直接影响他们对幸福的认知以及追求幸福的能力。很多大学生将自己的主要时间和精力放在了网络世界里，忽视与家人、同学朋友、老师之间的沟通交流。久而久之，遇到问题和困惑时，这部分的大学生很难打开心扉，与他人真诚交流。所以在遇到问题时，不论是主动与他人交流、还是接受他人的沟通，他们都会保持消极态度。

(二) 学校层面

1. 学校教育缺少对幸福观教育的重视

目前，在学校层面，大学生幸福观教育严重不足。大学生进入高校学习后，学校教育给予更多的科学文化知识的提升，在教学内容上很少关注个人幸福，往往将思想在道德修养的内容来代替幸福观教育的内容方面，学校对大一新生的入学教育有待加强，减少新生对大学生活的陌生感和恐惧感帮助和引导他们对自己未来四年大学生活的整体规划和安排，不要虚度青春；另一方面，对即将毕业的大四学生应该给予更多的人文关怀和就业指导，帮助他们树立正确就业观和择业观，深入了解他们在就业中的实际困难，帮助他们共同解决问题。在学校层面没有引起重视，自然身处学校环境中的大学生对幸福观的构建也无法重视起来。

2. 思想政治教育内容不够全面，方式不够灵活

学校在大学生幸福观教育中承担了非常重要的责任，大学生在人生中的成长

阶段，他们的主要时间和精力就是在学校里。目前，高校的思想政治教育课程，内容上更注重道德修养、时事政治等，方式上也是传统的灌输式教学，大学生容易产生为教育而教育的想法。在如何追求幸福，怎样获得幸福的领域里，大学教育则关注的更少了。大学生处在成长的特殊时期，在这一时期容易用自己的一些理解和看法来对待学校的传统教育，所以这样的教育内容和方式很容易让学生产生逆反心理，更加难以接受。学校要针对当今大学生的实际情况和社会发展的现实需求，认真研究、扎实有效的开展大学生幸福观教育内容和实施途径，赋予思想政治教育的新内涵。

（三）家庭层面

1. **家长忽视家庭氛围对大学生成长的影响**

家庭环境对一个人的影响是贯穿其整个一生的，尤其是在其成长阶段。家庭对个体的生活方式，品性习惯，思想理念等诸多方面都有着极其重要的作用，可以说终身挥之不去的。和睦的家庭氛围不仅能让孩子感受到幸福，更为培养追求幸福的能力提供良好的基础。对孩子过分的溺爱和无原则的足其不合理要求，不仅不能增强他们的幸福感，反而会使得他们变得我行我素，不懂得顾及他人的感受和社会的利益，使之成为幸福的绝缘体。反之，对子女过分严苛的要求也会造成他们心理负担重，精神压力大，遇到问题和困难不敢和家人沟通。一个和谐家庭氛围不仅包括父母之间良好的婚姻关系，还包括家庭成员之间可以平等顺畅的交流。父母对子女的关心不能只停留在身体健康、学习成绩、工作情况等方面，更要走进他们的内心，了解他们精神上的需求和向往。

2. **家长与学校之间缺少沟通机制**

由于我国现在的应试教育的模式，一名大学生的成长过程伴随着各种考试。进入大学之前，学校和家长对他们的衡量标准就是考试成绩。在这样的成长环境中，大学生的生活重心就是学业，一旦考上大学，失去家长的监督，造成一些大学生失去了前进方向和生活目标，幸福感逐渐降低。大部分家长也认为靠近大学就是阶段性任务，对子女考上入学之后的生活情况很少过问，缺少和学校的联系，不了解子女在大学生的学习情况、生活情况、感情情况、消费情况等。

（四）社会层面

1. **经济发展迅猛导致思想多元化**

在改革开放的背景下，市场经济大潮和西方价值观念迅速入侵，大学生正处于人生观价值观形成和发展时期,不可避免的会受到这些思想的的影响。随着社会主义市场经济的深入发展和不断变革,我国社会经济构成组织形式、就业方式、利益分配、社会关系日益变化,人们思想更加独立自主,这对大学生的成长是一把双刃剑。一方面为大学生提供良好的物质基础和生活条件,利于他们形成自己独立的人格和品质,培养自强精神和创新意识;另一方面,也带来一些不可小觑的负面影响。部分大学生出现政治信仰迷茫、理想信念缺失、价值取向歪曲、诚信意识薄弱、社会责任感不强、艰苦奋斗精神淡化、团结协作能力较差、心理素质欠佳等问题。伴随着改革开放的进一步深入,当今的中国已进入改革开放的深水区和攻坚期,由于经济利益的不断调整和改变,促使社会、政治、经济、文化和生态环境的不断变化,随之而来的就是利益与道德之间的冲突带来的挑战,这样势必会对大学生幸福观的建立带来影响。

2. 社会竞争激烈,大学生就业压力大

大学生的学习和就业的压力让他们无所适从力不从心。当今社会各个层面的竞争压力都很大,尤其是面临毕业的大学生,由于就业形势的不乐观,再加上自己对未来就业的路径很迷茫,也有部分的大学生不愿意到艰苦的岗位工作、不愿意服务于偏远山区、过分注重眼前利益,目光不够长远,不愿意到工资水平低但未来有发展的岗位工作,所以承受越来越大的心理压力。面对这种心理和精神上的双重压力,自己又不会调整和分析,从而失去信心,幸福感也随之降低标。这些因素对大学生幸福观的形成具有不容忽视的影响。

五、基于积极心理学培育大学生幸福观的有效路径

积极心理学已有的研究成果为大学生幸福观培育提供了理论层面的指引。下面针对当前大学生幸福观培育所存在的诸多问题及原因分析,借鉴积极心理学的相关理念探索幸福观培育具体路径,力求将积极心理学相关成果与大学生幸福观培育紧密结合,转换为切实可行的培育路径,助力于高校大学生幸福观培育,深入落实立德树人根本任务,实现全程育人与全方位育人。

(一)培养积极思维,增加积极体验

思维影响人的行为,积极体验的累积会增加个体对幸福的感知。高校心理健康教育者应努力发现大学生的闪光点,挖掘大学生的自身潜能。对于幸福的理解感知并不是一成不变的,经过个人的努力以及客观因素的影响可以实现转变与提升。在积极心理学的研究中克里斯托弗·彼得森对积极思维的研究表明,年轻成

人乐观的思维可以预测他 35 年后的幸福生活。一个人年轻时期越乐观，若干年后他的健康状况越良好。由此可观，具有积极思维能力的人更容易获得持久性的幸福，帮助引导大学生科学合理地认知幸福、体验幸福十分有必要。积极思维的建立需要大学生与教师的共同努力，既需要个人对自我具有清醒地认知，又需要教育者积极地发现身上的闪光点，不断挖掘自身的潜能优势。以此让大学生在接受教育中感受到认可，在正确认知接纳自我的同时收获自信，积极地认识和改善自身的短板，自信地将闪光点发扬光大。正确地认知自我是大学生形成幸福观的前提，只有对自我有所深入了解才能有效应对生活中的是非功过，从而理性地认知幸福。

（二）提高幸福认知，培养积极人格

生活经历会影响个体对幸福的认识，引导大学生正确看待自身阅历、全面科学认知幸福是大学生幸福观培育的重要环节。积极心理学强调，积极人格的培养即是实现积极体验的过程，同时也是个体积极力量得以发挥的落脚点，有利于使个体潜能与现实实现结合，让个体对幸福有深切感知，体会真实幸福。

借鉴积极心理学 24 种主要积极人格特质，采取措施挖掘培养大学生潜在人格特质。当前是大学生人格健全的关键时期，在此时期有意识地培养和引导大学生形成积极人格特质，有助于大学生幸福观的形成。积极心理学研究的性格类积极力量主要包括感激、适度和谨慎、爱学习、对世界的好奇和兴趣、爱和被爱的能力、自我控制和自我调节、对优秀和美丽的敬畏和欣赏等，共有 24 种。这些人格对于体验幸福具有积极意义，且不同的人格对幸福的体验不同。对此，笔者认为高校心理健康教育者应该做到两点，一是要培养大学生的乐观人格特质，二是提高大学生的自律能力。对于乐观人格特质的培养，要引导大学生认识到自身的价值，对待任何事情都应持乐观的态度，即使生活中遇到困境，也要以积极的心态去应对。具有乐观人格的人往往拥有良好的心境，所作所为带有明显的积极特征实现幸福的可能性更大。对于自律能力的提升，笔者认为这与 24 种人格特质皆具有一定的联系，自律的人往往更加自由，在追求幸福的过程中更加享受。自律的实现，一方面要提高自我的主观能动性，将自身的内在动机转化为实际行动；另一方面，要具备终生学习的意识，持久幸福的获得不是一劳永逸的事情，需要个体保持一个充满活力、积极进取的心态只有在积极乐观地进取中，大学生的积极人格特质才能形成，也会促进其实现全面自由发展，形成积极健康的幸福观。

(三)加强多方合作,构建积极组织系统

积极组织系统是大学生幸福观培育的支撑保障,是大学生产生认知幸福、体验幸福、追求幸福的来源。社会、学校、家庭是积极组织系统的重要组成部分,对大学生而言,学校是主要生活场所,高校心理健康教育者应结合大学生的幸福观现状,探究具体实践措施,进行多方合作,为大学生的成长成才构建积极的组织系统。

一方面,加强与家长的有效沟通交流,促进长效家校合作机制的构建。家庭教育影响大学生幸福观培育的形成,学校、教师与家长进行及时有效地沟通,对大学生幸福观的培育具有极大的帮助。一是学校应与家长以帮助学生树立正确的幸福观为共同目标,在此基础上进行有效沟通。学校要与家长保持定期联系,利用新媒体建立交流平台,明确二者在进行大学生幸福观培育过程中分工,以共同的目标从不同的角度着手,及时地沟通交流,共同为学生的健康成长创造有利的环境,帮助大学生树立正确的幸福观。二是学校要与家庭相互协调,建立有效培育机制,形成大学生幸福观培育合力。一方面学校和家长要根据大学生的际需求、个性特征等来确定具体的教育内容,学校可以通过交流平台共享与幸福观培育的知识理论,实现教师与家长的共同学习与成长,以有效地履行各自在大学生幸福观培育中的职责。另一方面,调查结果显示,家长是大学生遇到问题时主要的求助对象,家长在了解自己孩子的各方面情况后,要及时地与学校教育者进行传达沟通,同时心理健康教育者也要及时将学生在校情况传达给家长,以此进行形成多渠道、主动而经常性的联系,有针对性地对大学生进行教育管理,家校形成合力共同推动大学生幸福观培育。

另一方面,增加大学生的社会实践参与力度,引导大学生在参与社会中感知幸福。增加大学生的社会生活体验有利于大学生幸福观的培育。高校心理健康教育者要利用现有的资源条件,加强与社会力量的合作,为大学生参与社会提供更多的机会,以使大学生更深切地体会社会对自身实现幸福的作用。大学生幸福观培育需要实现理论与实践的相结合,引导大学生参与社会实践是进行体验幸福的方式之一,通过大学生参与深入一线感受了解社会各行各业的实际情况。以此大学生既能够感知社会,也能提升自我。深入社会实践是大学生展现自我、实现自身价值的过程,同时也是大学生实现幸福的过程。高校要积极引导大学生在追求

幸福的过程中感受社会为自身提供的便利，同时也要积极地服务于社会，在实践中体会奉献的意义和价值。大学生迟早会步入社会，健全的幸福观会影响大学生的一生，能够使大学生积极地面对生活中的一切。在求学时期提前感知社会，有利于更新大学生对社会的幸福认识，纠正大学生对幸福的认知偏差，帮助大学生形成正确的幸福观。

第五章　积极心理学视角下大学生心理健康教育策略

我国高等学校的心理健康教育工作自 20 世纪 80 年代初期开展以来，得到了较快较好的发展。尤其是近十年来，无论是在研究领域还是在实践领域都取得了巨大的成就，为缓解大学生的心理问题、预防各种不幸事件的发生起到了一定的作用。但是也应该看到，虽然近年来高等学校都加强了心理健康教育的力度，但是大学生的整体心理健康水平并没有得到显著的提高。除了一些不幸事件继续在少数学生中发生外，更多的、被认为是心理较为健康的学生群体的状态也不容乐观。大学生之所以有这样的表现，很大程度上是因为他们感觉到生活没有目标，学习没有意义，看不到未来的出路和方向。他们也很少有深刻的幸福和快乐的体验。而这些问题的存在，一定程度上归咎于当前的高等学校的心理健康教育没有能培养大学生健康积极的生活态度及良好的心理素质，没能给学生灌注力量与希望。高等学校迫切需要将积极心理学的理念引入大学生心理健康教育工作中，发展学生积极的心理素质，使他们能够用更成熟的防御机制和积极的思维方式来面对所遇到的问题。

第一节　挖掘积极心理学与大学生心理健康教育的结合点

一、积极心理学应用于大学生心理健康教育

在人们的日常生活中，每个人的内心深处都存在两种基本的需求，一种是要解决心理和行为上的冲突、障碍和困惑；另一种是要充实和完善自我，维护心理健康，提高生活质量。而这两种需求正是心理健康教育本身所包含的意义和价值所在。因此，心理健康教育为适应社会的需要和心理学自身发展的需要应运而生。

与积极心理学的结合源于心理健康教育存在的困境。积极心理学的倡导者塞

利格曼说过:"现在的心理学家们已经能够精确地测量和定义我们以前曾经很模糊的概念,如消沉、精神分裂症和酒精成瘾等,我们也了解了这些问题是怎么样响我们的生活过程以及引起它们的内在基因因素、生物化学因素和它们的心理学过程。不仅如此,我们也学会了怎样去克服这些问题。但这种进步让我们付出了很高的代价,我们似乎只学会了把人类从不幸或痛苦中拯救出来而不知道怎样帮助人类在良好的条件下过上幸福的生活。"而事实上,使人类更加幸福地生活也是心理学的研究使命之一,一些心理学家在这一领域做了积极地探索。积极心理学的理念与大学生心理健康教育结合有其深刻的理论和现实的依据。

(一)积极心理学与大学生心理健康教育相结合的现实依据

首先,从教育目标上上看,心理健康教育目标的不平衡。在心理健康教育实践中,更多的高校注重心理问题的防治,而忽视学生潜能的开发和积极心理素质的培养。

其次,从教育内容上看,心理健康教育与广大学生的实际需要是有一定程度的脱节的。近70%~80%的学生心理是健康的,他们也更加需要提高自己的积极心理品质,而不是仅仅知道如何被动地防治心理问题的方法。并且社会对于人才的要求也不仅是没有心理疾病即可,而是需要具有良好心理品质的人。

最后,从教育的价值取向上看,消极的价值取向以心理问题和心理障碍为中心,重点在出现问题后如何进行解决上,忽视了心理健康教育积极价值的引导,缺乏从根本上考虑培养学生积极心理品质的理念。

以纠正和消除心理问题为目标的心理健康教育取得了一定的成果,也带来了教育发展的困境,难以发挥它本应该有的全面提高学生心理素质的作用。这些误区的深层原因就在于忽视了对学生积极的心理品质的培养,也就从实际上削弱了学生预防心理问题的基础。积极心理学对心理健康教育和心理健康状态的独特关注视角却极大地改变这种状况,给心理健康教育带来了新的生机和活力。

(二)积极心理学与大学生心理健康教育相结合的理论依据

积极心理学的价值取向引导高校心理健康教育目标的回归。以培养积极心理品质为主的积极心理学的观点充分体现了以人为本的理念,关注人的潜力的发挥和生活幸福,将培育人的积极品质作为根本的目标,这一理念有利于人与社会的和谐相处。在积极心理学引导下,高校心理健康教育回归最终目标,激发和培养学生内在的心理品质,培养积极的归属感,责任感,成为有社会能力和良好心理状态的人。

积极心理学对人的积极力量的研究的强调使心理健康教育的内容更加符合学生和社会的需要。目前积极心理学的研究主要集中在积极情绪和积极体验及积极的人格特征等方面。它以开放的眼光看待每一个人,通过培养和扩大人固有的积极力量和积极品质促进其健康积极幸福地生活。这是完全符合个体的发展需求的。

积极心理学倡导对问题作出积极的解释,并使个体能从中获得积极的意义。这对高校的心理健康教育的干预目标有较大的影响,它将促使教育者和受教育者积极分析自己的行为、观点和问题。教育的干预目标也因此能够宽容理性地面对问题和失败,并且从中获得积极的意义,更有助于问题的解决,从而更加相信自己而不断地进步。积极心理学对消极心理学的批判和继承为心理健康教育摆脱困境带来了希望,为心理健康教育的各要素和目标的整合提供了途径。

二、制定积极心理学视角下的大学生心理健康教育方案

(一)挖掘积极心理因素,增强学生的自控能力

基于积极心理学视野,顺利开展大学生心理健康教育活动,教师应充分发挥与挖掘学生的积极心理因素,不断增强学生的自控能力。在教育过程中,教师应尊重学生的情趣爱好与个性天赋,引导学生在发挥个人优势的同时潜移默化地增强自控能力与自律意识,学会自省。此外,教师应注意进行必要地引导,告知学生:一个人自控能力的强弱体现在其有意识或者无意识地在日常活动中和工作中表现出的习惯上。所谓的"自控能力"特指一个人善于自我支配和自我调节的能力,它是个人对自身的心理和行为的主动掌握,是个体自觉地选择目标,在外界没有监督的情况下控制自己的行为,抑制冲动,抵制诱惑。这样有助于有限培养学生的自控能力,教导学生恪守规范与道德行为。

(二)开设积极心理健康教育课程

国外在开设积极心理教育课程方面已有成功先例。据报道,2006年哈佛大学选修人数最多的课程,已不再是多年来一直独占鳌头的基本经济学,而是本沙哈尔博士开设的积极心理学幸福课。这门课程创下了哈佛大学"上座率最高课程"纪录。但本沙哈尔并非开设"积极心理学"课程的第一人,宾夕法尼亚州立大学"积极心理学中心"主任塞利格曼是这项运动的发起者,这项课程十多年前已在那里开设过。他们把积极心理健康教育课程主旨设定为主要是为营建一个充实人生的健全心理,话题涉及快乐、自尊、理解、友情、爱情、成就、创造力、音乐、精神和幽默感,教人怎么积极面对人生,从而得到快乐。2006年4月,英国最

顶尖的私立学校之一威灵顿公学宣布,从当年9月新学年开始开设幸福课,而幸福课的基础正是积极心理学。威灵顿公学的校长、英国著名历史学家安东尼·谢尔顿博士说:"威灵顿公学的幸福课由剑桥大学教授尼克·贝里斯设计,旨在增进学生获得完美人生的可能性。课程将涉及如何获得更多的幸福体验、如何获得健康身心、成就感和永恒的友谊。学生们在思想上有足够认识后,还会学习有助于实现这些目标的实用技能,以帮助他们更好地应对青春期以至进入大学后的生活——对于我来说,学校最重要的任务就是培养具有幸福感和安全感的青年男女,这比政府公布的最新学校成绩排名更重要。"谢尔顿校长认为:"培养幸福、有成就感的人,学校有着不可推卸的责任。在威灵顿,我们对此非常重视,这也是我们开设幸福课的原因。剑桥和哈佛大学对幸福和积极心理学如此重视,让我有了更大的勇气,我信几年过后,这样的课程会成为英国教育的一大特色。"

国外积极心理健康教育课程的开设给我们启发和信心。我国积极心理健康教育在一些中小学已经开始试点,但是大学生的课程开设还处于刚刚起步阶段,需要从课程教材编订、教学设计等方面深入开展。在课程形式上大胆创新,如采用幸福体验活动课、积极心理教育主题班会等形式,进行积极心理学的理论指导和实践训练,让增加学生的积极体验、培养学生的积极品质贯穿于课程教学的各个环节,引导大学生获得信心、希望和幸福感。

(三)引入故事,提升课堂活力

提升大学生心理健康教育乐趣,培养学生对该课程的学习兴趣,教师应注意创新教学方法,适当引入经典故事,以此提升课堂活力,让学生在快乐学习中形成良好的心态。例如,在解析"谦虚"这一美德的同时引入科学家爱因斯坦的故事,爱因斯坦曾经为一个夸奖他学识渊博的人画了一个小圆和一个大圆,接着说:"在物理学这个领域里可能我比你懂得知识略多一点,正如这个小圆。然而,物理知识是无边无际的,小圆的周长有限,与外界的接触面较小,而大圆与外界接触的周长大,所以会感到自己的未知东西更多,就会更加努力地去探索。"这个故事说明谦虚好学、虚怀若谷才能容纳真正的学问和真理,不断完善自我,获取成功。

(四)做好正面引导教育工作,完善心理健康教育评估体系

全面提升积极心理学视野下的大学生心理健康教育效果,教师应做好正面引导教育工作,引导学生树立自信心,逐步形成乐观、健康的心态。与此同时,教师应注意完善教学模式,努力实现心理健康教育多元化,促进该学科与其他学科的有机结合,从而有效提高教育效果。例如,促进心理辅导和文化教育工作以及

德育工作的有机结合，以此培养学生健康的心理，提高学生的文化素养和品德修养，引导学生逐步形成正确的价值取向，将学生培养成有文化、有道德、有理想、有纪律的"四有公民"。

此外，教师应重视完善心理健康教育评估体系，从微观层次来分析，大学生心理健康教育评估主要包括心理辅导教育、心理活动体验教育和心理辅导组织管理的综合评估。在评估过程中，教师应全面了解学生的具体问题与兴趣爱好，然后，针对具体问题予以疏导教育，根据学生的兴趣爱好进行正确地引导，发扬学生的优点与天赋。一个月之后，教师可以对学生进行心理测试，并根据测试结果，进一步完善大学生心理健康教育评估体系，以此提高学生的心理健康素质。同时，教师可以定期开展体验式心理活动，如"阳光心理活动""心理信箱""校园心语"等，引导学生自行创办关于大学生心理健康教育的墙报、画廊、手册与板报等，使学生在参与心理健康教育活动的同时逐步形成积极、乐观的心态，并针对体验式活动效果做好评估工作。

三、构建大学生积极心理品质培养体系

（一）培养学生积极的人格特质

积极心理学的目标主要是探究并培养个体的人格特质和积极的心理素质。（1）训练学生构建起积极的思维方式，树立积极的心理品质。将积极心理特质的养成提高到比消极心理特质在应对困难时更加核心的位置，整体来看属于一种逆向思考的模式。从相互的讨论交流中培育起积极向上的思维模式，潜移默化的让学生将优秀的人格特质划入到自身心理体系之中。（2）从三观等方面专门培育学生积极的心理特质，例如在培养积极的价值观时，学校可以组织相关的性格活动，清晰地将性格特质进行分类并确定相应的性格词语，将其制作成海报张贴在校园之中。此外还应当按时在校园通信网络中讲解性格词语和对应的意义。教师和学生针对这些性格特质和实际应用进行探讨。（3）将"爱"作为起始点，培养并提升学生积极的心理素质，强化实践能力。可以利用感谢信或者爱心救援等活动来让学生树立积极的心理特质。

（二）构建积极的心理健康组织系统

积极的社会组织也是积极心理学中较为重要的一环，它不单单是培养人格特质的基础，还是个体出现积极体验的本源所在。积极的社会组织涵盖有国家、企业、家庭以及学校等诸多方面，其在学校中主要发挥的作用为构建优质的教学氛围。

根据有关研究结果可以发现：大学生获取认可和支持最多的渠道是来源于家人和朋友，而教师的认可普遍较少。积极心理学当中主要提出搭建积极的外部环境以及积极的组织体系，不仅包含有积极的个人环境，还有积极的组织体系等，一个稳定的组织系统也是大学生心理能否健康发展的关键所在。（1）构建起学生发展的积极环境，将个体、家庭、校园以及社会有效结合起来，构成多维的互动模式。（2）制定出从家庭到校园再到社会组织的学生培养方案，主要包括个体情感、内心独白、爱心互助以及成果分享等，并让学生同家人和老师进行良好沟通。（3）真正将学生互助组织的效用发挥出来，架构出班级—班委—宿舍—同乡等学生关系结构。（4）对于支持体系来说，最为核心的是校园心理咨询组织，其应当有效完成学生的心理引导并给予相应的咨询服务，确保学生可以获取高质量的心理辅导。

（三）采取积极的心理干预策略

积极心理学还主张搭建起行之有效的心理治疗方案，将积极心理学的核心理论作为基础，构建起具体的心理治疗方案，强调心理治疗过程中个体应当将注意力投入在养成积极心理特质方面，主要是让患者通过强化自身的积极心理素质来突破心理疾病的束缚，或者防止心理问题的发生。（1）在校园中建立危险防范体制，将班级中班委、舍长以及党员群体作为核心，构建起心理危机的报警体系，利用积极心理学中的基本理论，将学生朋好友的作用发挥出来，尤其是在心理危机警示方面发挥应有效果，主动关注个体的心理情况。（2）通过积极心理治疗的方案来完成心理咨询，比如说让个体尽可能享受美好的一天、完成数祝福训练以及完成好事等活动。上述练习均需要个体深入思考并分析自身出现幸福情绪的事项，加强个体在面对积极事情的认知水平。（3）完成心理弹性的干预方案，其主要是建立在积极心理学之上，强化学生的心理弹性。可以有效调整学生的认知思维，并降低个体出现心理问题的概率。（4）发挥积极心理学辅导人员的作用，通过团队在情境之中的引领并辅助个体获取更加深入的心理体验。

第二节 努力增加大学生的积极情绪体验

积极情绪是积极心理学研究的核心内容。积极心理学所谓的积极体验是指个体满意地回忆过去、幸福和从容不迫地感受现在并对未来充满希望的一种心理状态。积极情绪包括高兴、兴趣、满足、自豪、爱、幸福感、快乐、愉快等能使人产生愉快感的情绪体验，有助于消除诸如焦虑、抑郁、悲伤等消极的情绪，并且可以使个体处于一种乐观、美满、愉悦的状态，使人格达到一种积极、健康、和谐的境界。

积极情绪体验是个体对过去生活满足和当下幸福状态以及未来美好向往的个心理活动表现。积极心理学的研究表明，通过增进个体的积极体验是发展个体积极人格、积极力量和积极品质的条最有效途径。当个体有了更多的积极体验之后，他就会对自己提出更高的要求，这种要求由于是来自个体自身的内部，所以它更容易形成某种人格类特征。从目前积极心理学的研究来看，不管是感官愉悦还是心理享受，他们都对个体的人格及社会性行为的形成有着重要的影响。

一、积极情绪体验的内涵

积极体验也是个有争议的概念，这种争议主要来自于对积极的理解不同。一部分人认为积极就是一种愉快和快乐的特性，如1992年拉尔森和狄纳在一篇《人格与社会心理学的回顾——情绪》的文章中说，积极情绪就是一种具有正向价值的情绪。而另一部分心理学家则认为积极情绪不一定就具有正向价值，它指的是能激发人产生接近性行为或行为倾向的一种情绪。所谓接近性行为或行为倾向，就是指产生情绪的主体对情绪的对象能够出现接近或接近的行趋向。按照这种标准，一些价值中性化的情绪就被认为是积极情绪，如兴趣是一个中性化价值的情绪，但它能产生接近性行为或行为趋向，因此，它就应被认为是积极情绪。而另外一些具有正向价值的情绪则被认为不是积极情绪，如满足、放松等情绪，满足、放松都是具有正向价值的情绪，但它们不能引起主体的接近性行为，因此就不能被看作是积极情绪。从现在看来，积极情绪概念的这两种争论都有一定的道理，前者从价值功能上来定义，具有明显的价值意义，易和我们的生活常识相结合；后者具有操作性意义，便于在心理学研究中得到控制和应用。本书中的积极情绪主要指的是后者，强调情绪研究的操作意义，这也是现在大多数心理学研究的共同趋势，即所有能激发个体产生接近性行为或行为倾向的情绪都被称为积极情绪。

积极情绪体验有多种分类，一种是根据情感本身的特性来分类。这种分类的一大好处是和过去的情绪研究具有一致性，这种分类常把积极情绪体验分为积极情感（如愉快、欣喜等）和积极心境（如福乐、心醉神迷等）。但这种分类也存在一个缺点，那就是这种分类并没有把积极本身的特性表达出来。也就是说，这种分类在很大程度上还是把重点放在了情绪的状态上，而没有放在积极上。现在积极心理学常用的是另一种分类，即把积极情绪体验分为感官愉悦和心理享受，这种分类是依据积极的不同特性为标准来进行的,这更有利于人们对积极进行有效的把握。

感官愉悦(sensory pleasure)是积极体验的一种较重要的形式。感官愉悦是指机体消除自身内部紧张力后的一种主观体验,它来自于某种自我机体平衡的保持,是人感觉器官放松的结果,如饥、渴、性等的满足后的体验就属于感官愉悦。而心理享受(psycholo-gical pleasure)则来自于对个体固有的某种自我平衡的打破,即所做的超越了个体自身的原有状态,如运动员超越自己而创造新的纪录,艺术家达到前所未有的最好表演,学生解决了某个百思不解的难题等。在这方面,心理享受有点类似于人本主义心理学家马斯洛所说的自我实现以后的高峰体验(马斯洛的高峰体验也包含感官愉悦)。

与感官愉悦相比较,心理享受更有利于个体的成长和积极品质的培养,因此积极心理学主要以培养或增进个体的心理享受为核心。但在生活中,如果有机会对感官愉悦和心理享受做出选择的话,大多数人却会选择感官愉悦。这是因为感官愉悦更接近人的本能,它的作用形式更直接,几乎是一种自动化的反应。比如大多数人宁可选择看电视而不是去阅读对他们有用的书,尽管他们知道看电视只是带来一时的感官快乐,而看书则可以给他们带来长期的生活享受,因此,积极心理学在实际中也不忽视个体感官愉悦的培养。许多时候人们常常会把心理享受和感官愉悦相混淆,更多时候是把感官愉悦归入了心理享受。尽管两者之间存在着这些区别,但感官愉悦与心理享受都属于积极体验的范畴,因此,两者之间也存在着密切的联系。

二、积极情绪体验在大学生心理健康教育中的作用

强化积极情绪体验有助于对消极情绪、矛盾冲突等削弱和祛除,使个体合理利用社会资源建立一个良性的关系,从而保障大学生的健康成长。积极情绪是当下大学生心理健康成长中不可缺少的一面,是实现大学生心理健康成长发展的必要环节。强化大学生适应社会现象的能力。通过积极情绪体验,来提高大学生的主观幸福感、对未来人生的希望、面对问题的信心和能力,这样有助于大学生在踏入工作岗位后有一个良好的心理素质和适应能力,对当下大学生具有重大意义。

(一)使大学生释放由消极情绪所造成的心理紧张

长期的消极情绪体验会给人造成严重的心理紧张,这种心理紧张能使机体长期处于应激状态,这对人的身体健康非常有害。据世界卫生组织的有关研究表明,

人体患癌症并非完全是由基因因素和外在的各种致癌物所引起，人的心理因素也是一个值得人们引起高度重视的致癌因素。

对于大学生来说，生活中的负性事件几乎是不可避免的，再加上人性在进化过程性情绪也几乎是不可避免。因此，帮助大学生摆脱负性情绪的困扰自然也就成了心理教育的一大任务。但怎样摆脱呢？过去的心理学实践已经证明，如果只是一味地纠缠于负性情绪本身是不能解决这个问题的，积极心理学认为释放由消极情绪所造成的心理紧张可以通过积极情绪的扩建作用来得以实现，也就是通过获得更多的积极情绪体验来消除这种心理紧张。心理学的有关这方面的实验已经表明，积极情绪体验能控制或延缓消极情绪所导致的各种心血管的异常变化，如血压上升、心跳加快等，它能迅速使心血管的这种异常变化回归到正常的基准线。不管是活跃性程度较高的积极情绪——如欣喜、兴奋等，还是活跃性程度较低的积极情绪如满足、安详等，它们都具有这种功能。

（二）扩大大学生的认知系统

实验表明，积极情绪能扩建个体的行为或思想，而消极情绪则能缩小个体的行为或思想。实验结果还表明，积极情绪和消极情绪本身的不同强度（也即唤醒水平的高低）对个体行为或思想的扩建或缩小功能也有着一定的影响。对积极情绪来说，强度越大，其扩建功能就越大；对消极情绪来说，强度越大，其缩小功能也就越大。

（三）有利于培养大学生健康的人格

积极情绪与健康人格之间存在着十分密切的关系，容易体会到一种积极情绪的人，也容易体验到其他的积极情绪，一个经常有积极情绪体验的人也很容易表现出积极的人格倾向。反之亦然。例如在邓丽芳、郑日昌的《大学生的情感变量与心理健康的探讨》研究中，正向情感、快乐感与SCL90测量表中的大多数因子间的负相关均达显著水平；负向情感与SCL-90测量表中的所有因子间的正相关均达显著水平，且与抑郁、焦虑等因子间的正相关极为显著。因此，积极情绪成为新型心理健康教育的首要着眼点。新型心理健康教育将以增加积极体验，形成积极情绪为切入点，发掘与培养积极力量，塑造积极品质。同时，增进个体的积极体验还是培养个体积极人格的最主要途径。

（四）有利于拓展心理资源

消极情绪和积极情绪会导致不同的行为倾向，其主要原因在于这两种不同的情绪能使人建构起不同的心理资源：消极情绪通过缩小个体即时的思想或行为资源而组织起一种应激资源（包括身体资源、智力资源和社会性资源等）；积极情绪则能通过扩建个体即时的思想或行为资源而帮助个体建立起持久的个人发展资源（包括身体资源、智力资源和社会性资源等），这些资源趋于从长远的角度、用间接的方式来给个体带来各种利益。同时，积极情绪还对心理紧张具有消解功能。

（五）有利于发展亲社会行为

通过增加积极体验可以提升个体的幸福感，提高生活满意度，使人更加乐观有助于帮助学生发展亲社会态度。由亲社会态度派生出来的行为称为亲社会行为。亲社会行为就是人们在社会交往中所表现出的谦让、帮助、合作、分享，甚至为了他人利益而做出自我牺牲的一切有助于社会和谐的行为及趋向。助人行为、分享行为、合作行为等是亲社会行为的主要构成成份。亲社会行为对于构建积极品质、巩固心理和谐环境，以及对建设和谐校园意义重大。

积极体验是人们幸福生活的必要条件，而在实际生活中，这种情绪体验大多是依靠一些低强度、高频率的积极生活事件以及积极的人际关系获得的，因此在现实生活中要努力促成这些低强度高频率的积极生活事件。

三、增强大学生积极情绪体验的途径

个人的行为倾向有两种：逃避和接近。不同的情绪对应着不同的行为。当一个人有消极情绪时，他的行为和想法就会被禁锢，会产生类似于封闭自我，逃避等行为。但是如果一个人在积极情绪的影响下，这种封闭和逃避就会被打破，并且会产生有助于个人长的想法和行为，在真正的实现了个人的成长之后，又会催生更多的积极情绪，从而形成良性循环。积极地情绪会使个人产生更多的具有创造性的行为或者是想法，从而帮助他们产生更多的积极情绪，促进积极品质的形成。因此，大学生心理健康教育要善于发现并提升大学生的积极情绪体验。

1. 提升大学生幸福感

主观幸福感在各种积极情绪体验中占有最核心的地位，是评价一个大学生心理是否健康的十分重要的将虑因素。所以，要积极的培养大学生的幸福感。首先，参加活动是促进大学生拥有积极情绪体验的良好途径。所以，要创造条件，并且积极的引导学生们参与到各项活动当中。此外，较多的为团体和社会付出可以让他们充分的感受到社会以及团体的回复幸福感。其次，要引导学生经常性的去体

验积极地情感。生活不是一成不变的，而是充斥着变化和挑战，一个人只有积极地情绪体验多于消极的情绪体验才能拥有幸福感，积极情绪体验的多寡对于幸福感来说意义大于它的强度。所以，心理健康教育工作者要让学生善于并且勇于去尝试机会、感受愉快，而不是停留在自己的适应范围内；多多的去创造积极实践，提高学生们积极情绪体验的总量。再次，让大学生了解什么才是他们真正需要的。人的需要是否可以得到满足直接影响着个人的情绪，如果需要得到了满足，那么个人就会产生积极地情绪；如果个人的需要得不到满足，个人就会产生消极情绪。积极地情绪会使个人产生更多的具有创造性的行为或者是想法，从而帮助他们产生更多的积极情绪，促进积极品质的形成。

2. 培养大学生的乐观态度

要培养学生积极地去解释过往，这其中包括积极的体验，也包括消极的体验。即使是那些消极的体验也要让学生把它看做是经验和财富，是每个人成长的必经之路。因此，要引导学生积极的看待过去的一切。要让学生学会把过去事件的发生看做是由于内在因素所引起的，而小机率事件的发生是由于外因以及临时不确定的因素，如此培养出的学生会善于用乐观的视角看待问题，形成乐观向上的品质，当面对困难时会有更加强大的抗挫折能力。例如一个学生，在期末考试的时候分数考得很低，出现了消极情绪，心理健康教育工作者要及时的引导学生与自己辩论，或者与学生一起反驳消极信念。之所以出现这样的结果，原因是题目太难，考试当天身体不舒服等，分数低并不代表他的学习能力差或者智商低。之所以这样是因为外因等等造成了小机率事件，帮助学生以最短的时间从消极情绪中走出来，以一种积极地态度来面对未来，对自己充满信心，勇于挑战。

3. 树立大学生的希望观

当代大学生大多数都对自己有明确规划，对自己的未来有所憧憬。然而，我们依然可以看到，有一些大学生在日常生活中有着消极，迷茫颓废的情绪。这主要是他们没有目标，对当前的生活和自身情况并不是十分的满意，所以，理健康教育工作者要针对这一部分大学生具体问题具体分析，然后通过提高大学生对未来价值的觉知来降低大学生问题的产生。要帮助他们建立一个适合他们的目标，引导他们去体会那种达到目标后的积极体验。挖掘他们的潜在能力，鼓励他们不断地朝着自己的目标迈进，使他们拥有更多的积极品质，从而促进大学生可以有一个健康的心理状况，进而成功成材。

4.强化大学生对于自身情感态度的调节水平

积极心理学当中一个主要的研究方向便是积极的情绪体验，主要将能够引发个体出现接近性行为或者行为趋势的情绪都划归为积极情绪，表现为个体对过去回忆的满足并幸福地享受现在，同时对未来具有乐观期望的心理状态。著名的心理学者 Gross 在发表的情绪调节理论中就着重强调了外部环境对个体心理产生的影响，同时也对环境选择、情境调整给出指导方案。因此大学生应当主动搭建起能够引起积极情绪的外部环境。认知作为个体情绪体验中相当关键的要素，差异化的个体在应对相同的环境刺激时，即使认知能力相同也会出现不一样的情绪体验。

四、从增进大学生积极情绪体验着手塑造积极人格

积极人格的塑造培养是一个行为过程也是一个心理体验的过程增加大学生积极体验是塑造大学生积极人格的重要途径。实际上心理健康教育过程是一种情感情绪体验的过程特别强调情感、情绪对人的作用。大学生的主观体验是直接的、自我的，他人无法替代在体验中主动探究自我内心世界在探究中发现问题、解决问题增强个人抗挫折能力。大学生积极心理健康教育注重让学生积极主动地关心自己的心理发展它认为个体在积极体验条件下产生的新要求主要是来自于个体自身的内部是人对内部动机的觉知和体验所以它更容易和个体的先天气质特点发生内化而形成某种人格特质。

积极心理学视角下的大学生心理健康教育注重学生在心理健康教育工作中的参与、活动与体验强调情境性、参与性、互动性和体验性要让学生进入实际情景、想象中的模拟情景中去体验、思考和分析让学生积极主动地关心了解自己的心理反应和发展获得相应的情绪情感体验从而提高认识形成积极的人格品质。为了让学生具有深刻的心理体验积极心理教育常采用自助式的教育方式。如让学生选择与自身心理发展相关的专题进行自助式心理探究在研究过程中满足学生的好奇心、获取心理知识、掌握心理方法、解决心理问题、促进心理发展探究的内容可以是如何集中注意力、培养自信心、培养意志力、培养积极心态、受人欢迎的心理品质、如何调控情绪、如何处理异性情感、积极应对压力等。通过探究让学生树立心理健康意识形成乐观、向上的心理品质。

同时还应该积极开展如下几种自助式教育自助式心理训练通过角色扮演、集体演讲、游戏、心理拓展训练法等增加学生心理体验自助式心理辅导让每一个学生在寻求辅导的同时都充当辅导者自助式心理暗示通过自我对话、改变服装发型、

变换环境、写日记等方式对自己进行积极的心理暗示；自助式心理激励同学之间可以通过接纳、欣赏、肯定、鼓励等方式彼此施加心理影响对取得成绩的同学赞赏、表扬给遇到困难和挫折的同学理解、尊重和鼓励等自助式心理社团心理社团在开展活动的过程中学生自己提出问题并解决问题有利于提高心理教育的针对性和实效性。

此外，人的心理容易受到周围环境、其他人的以及自身行为的影响而产生微妙的变化。对此，在大学心理健康教育中，教师应该充分运用心理暗示这一特点，增加学生的积极心理体验，以促进学生在心理上保持积极主动。例如在课堂教学中，教师要多举一些积极的生活实例，保持课堂氛围的轻松愉快，促进师生之间的平等和尊重等，使学生能够获得轻松愉快的学习体验，并为学生的积极学习和生活提供动力和帮助。除了心理和行为上的暗示，教师还应该教会学生有效克服心理消沉的方法，消除学生内心的焦虑，减轻学生的心理压力，促使学生以积极的方式调节自身的负面情绪。

积极心理学研究发现，"练习"对学生的主观幸福感和满意度有非常大的影响作用具有启发性的意义。作为尝试我们可以借鉴积极心理学的练习方法例如进行下面三个练习每一个需要学生做一个星期用持续的练习活动启发和影响学生。①感恩记录：寻找生活中美好的事情一周连续每天晚上都记下三件做得很好进展顺利的事情并问"为什么这件好事会发生"；②全力以赴：写一个故事在这个故事中你尽到了最大的努力在一周的时间里每天都回顾这个故事的内容；③用全新的方法来使用人格力量在网上测量自己的人格力量用笔记录下你的最高分数在接下来的一周用更加新颖的方式来使用你的这些力量。

第三节　完善与创新大学生心理健康教育的模式

积极心理学作为心理学科中的分支，主要从积极的角度来深入探究人们的心理健康情况，当前已经成为心理学主要的发展趋势。从积极心理学的角度出发，如何研究大学生群体的心理健康情况也有了新的方向，将传统模式中针对大学生心理问题实施的主动干预逐步调整为通过积极心理疏导的模式。本节就基于当前积极心理学的发展情况，深入探究大学生群体的心理健康情况，提出构建大学生积极心理的培养方案。

一、创新大学生心理健康教育模式的原则

(一) 全方位系统原则

高校心理健康教育应该从全方位创新与本校学生实际情况相适合的教育模式。一方面,大学生心理健康教育需要紧密联系学生实际,发挥其教育的独特针对性功能;另一方面,大学生心理健康教育要同及时获取其他兄弟院校以及相关社会机构的支持和帮助,构建相互支持、优势互补的良好教育格局。

(二) 理论结合实践原则

创新大学生心理健康教育模式要坚持理论结合实践原则,注重分析具体心理辅导和教学过程,并运用相关的理论指导教学实践,再通过实践活动检验相关的理论,进而完善理论。

(三) 以学生为中心原则

高校应以学生为中心,创新大学生心理健康教育模式,是指在具体的教学过程中,要充分发挥大学生的主体作用,尽可能调动他们积极主动性,具体表现为:教育者要尊重大学生的个性和理念,主动关心学生,加强彼此的交流与沟通,切实为大学生的健康成长保驾护航。

(四) 可持续发展原则

可持续发展原则就是以大学生为中心,结合大学生身心发展规律运用科学合理的教育措施,全方位提高大学生心理素质。因此,大学生心理健康教育要注重提升大学生的认知能力,完善大学生的情感、个性品质以及社会适应性等方面,切实保障大学生心理健康可持续发展。

二、创新大学生心理健康教育模式的有效路径

(一) 重新整合教学目标,大力扩展教学内容

传统心理健康课程以心理问题为导向,服务对象有限,有心理问题的学生毕竟是少数。应改变传统心理健康教育以预防心理疾病为主要目标,立足于积极心理学取向,以培养学生积极的心理品质、发掘学生潜能为目标。在关注有心理问题学生的同时,也面向全体学生,重视大多数学生心理问题的预防和积极心理品质的培养。

改变以往教学内容偏重心理问题、心理疾病类知识的传授,在这样的教学内

容中，学生普遍感到比较压抑，不能树立良好的心理健康观念。近几年来，根据调查结果显示，学生遇到心理上的问题时很少有想法去心理咨询室找相关老师咨询，更多的学生认为去心理咨询室就是心里有疾病等错误的观念，这或许与消极内容为主的心理健康课程有关。以积极心理学为主导的心理健康课程，应符合大多数学生的需求，以注重培养学生自信心的建立，人际关系的优化以及创新能力的探索为侧重点。这样能够更加有助于高校学生对于问题的解决以及自我效能感的提升，同时也更能帮助学生树立一个科学的心理健康观念。

（二）加强大学生心理能力训练

大学生心理能力训练，是在心理健康专业教师指导下，大学生自觉主动对心理状态与行为进行我调控，提高自身认知、情意、意志、人格等方面的心理素质。通常包括团体成员的社团活动、心理拓展、潜能训练和团体讨论等等。

首先，要培养大学生的积极情感体验，积极的情绪情感能够帮助大学生形成健康的心理状态，教育工作者要善于引导大学生发现学习生活中的趣事，激发大学生的积极情绪体验，保持积极乐观的心态，提升大学生的心理抗压能力，增强其幸福感，促进其全面发展。

其二，要培养大学生积极的人格倾向，大学生的人格倾向直接影响着他们看待事物的态度，甚至在一定程度上决定了他们的人生观和价值观。因此，积极心理学视域下的心理健康教育需要注重培养大学生积极的人格倾向，帮助他们用轻松有趣的方式处理问题，以积极的心态应对生活和学习中的困难和挫折，保持自信、乐观和豁达的生活态度。

（三）指导大学生心理朋辈互助

大学生心理朋辈互助教育模式是心理健康教育一种极为重要的教育模式，是指受过一定专业技能训练的心理互助学生，在专业心理教师的指导下，深入同学当中开展心理互助活动。如高校通过设立班级心理委员，经常性举办学生心理沙龙，建立大学生心理互助讨论群等，能很好地促使学生进行深入的心理交流，引起思想和情感高度共鸣，调动学生的生活热情和积极主动性，实现心理健康的自助和互助。因此，高校要建立大学生心理朋辈互助工作机制，提供一定的经费保障学生心理互助活动顺利开展，并安排心理专业教师定期对参与互助的学生进行心理健康知识和技能培训，确保心理朋辈互助活动取得预期效果。

（四）开展社会实践渗透式心理健康教育

社会实践是将心理健康教育知识转化为个体心理品质的中间环节，可将心理健康教育工作渗透到社会实践。大学生通过参加各种校内和校外的社会实践活动，加深了积极的情感体验，锻炼了应对困难的能力和意志，提高了心理健康水平。大学生社会实践活动丰富多彩，比如观摩心理健康影视、慰问敬老院、关爱残障儿童、爱心捐助、三下乡、开展阳光户外拓展训练营等。此外，教师在课堂教学中，也可通过组织趣味课堂活动，如个人分享、集体讨论、角色扮演等，让大学生有更多展现自我和交流、沟通的机会，激发他们的主动的参与意识，大学生可从中充分"感受"和"体验"生活，增强相互理解与包容，建立起大家所认同和接受的理念与价值，促进大学生的自我认识，优化心理品质。

（五）构建积极向上的校园组织系统

大学校园作对学生的心理健康培养起着至关重要的作用，心理学研究证明，优美的校园环境可以使人赏悦目，潜移默化地优化学生的个性心理品质，产生积极向上的情绪体验，有效促进心理健康。因此，学校应该重视大学校园环境的建设，营造有利于大学生心理健康发展的校园环境，尤其良好的校风学风建设，如轻松和谐的校园氛围，有利于大学生形成积极向上的情感体验；丰富多彩的校园文化活动，充分发展学生特长和能力，促进了大学生互相帮助和融洽的人际关系，培养学生奋发图的进取精神和集体凝聚力、荣誉感，形成健康的心理和人格。因此，高校要重视校园环境的建设，努力营造有利于大学生健康成长的校园文化氛围，不断陶冶大学生的思想品德情操，净化其心灵，促进心理素质的健康协调发展。

三、积极心理健康教学模式的建构与实施策略

积极心理学视角下下的大学生心理健康教育教学模式的建构，就是根据大学生的身心发展特点，以其内在的向善性为价值取向，运用具有积极导向的教学内容、方法和手段，以培养学生个体的积极心理品质为抓手，预防各种心理问题的发生，促进大学生身心和谐及全面发展，既继承和借鉴经典心理健康教育模式的经验，又结合积极心理学研究的发展趋势，构建起积极心理健康教育的基本体系。

本研究的实施策略则是运用对分课堂的形式将"积极体验式"教学模式引入到心理健康教育课程教学中，通过发挥该模式中的学生参与讲授、主导教学过程和结合自身实际解决心理问题为导向的功能，将以往的心理健康教育课程教学的问题取向转化为积极取向，能让所有学生身心投入并受益。

对分课堂中"积极体验式"教学模式的运作是以"认知为先导,情感为体验,活动为载体"的情境教学方式实施,主要思路是"导入情境—强化体验—小组讨论—相互质疑—澄清疑虑—建构知识—回归实践",具体操作程序是:

第一,创设情境,启动体验。

根据每章节的教学内容选择一些相关案例为蓝本,让学生根据自己生活中的经验和观察进行角色扮演和情景再现,体验感受。

第二,设计问题,激活体验。

教师主导学生按照情景表演的剧情提出问题,鼓励他们对这些问题进行思考,激活他们的内在情感体验。

第三,交流感悟,升华体验。

以小组为单位进行分享和交流,让每个学生都发表自己的感受和想法,使他们了解到彼此的差异,激活正向体验,最终达成共识。

第四,评价反思,践行体验。

教师运用心理学的原理对不同学生的情感体验进行解释,让学生推己及人,重新建构自己的知识和经验,并能运用到自己的生活实践中。

通过以上的操作程序,可以从知、情、意、行等方面提升学生的素质与潜能,使之能有效完成知到行的内化。为了检验此项研究的成效,我们在教改实践中尝试在情绪管理和人际关系促进两个问题上采用对分课堂方式开展体验式教学活动,即把教学过程分离为讲授、内化吸收和讨论三个阶段。讲授的过程以教师讲授课程知识的精髓,来保证其课程内容传递的系统性、准确性和有效性;内化吸收的过程让学生运用一周的时间,通过查阅文献、通读教材、分组讨论等方式来理解、消化该章节的知识点内容;讨论过程则运用启发式教学的手段,保证学生的自主参与性,在这个环节中,学生们以正向情绪表达和积极沟通管理为导向,进行情景表演和分享,极大地调动了学生的参与热情,取得了良好的应用效果。

这种将积极心理学视角下融入体验式心理健康课程的教学模式,能够引导和帮助学生主动构建内在积极的心理表征,将所学到的知识发展成自己的生活智慧,是积极心理学视角下下的大学生心理健康教育教学模式研究的根本目的所在,具有可推广的价值和意义。

综上所述,心理健康教育是大学生高校教育中不可或缺的一部分,传统的心理健康教育课程已不能满足目前高校学生的需求。大学生心理健康教育的真正目的应该是培养学生积极的心理品质,发掘自身的潜能。积极心理学更加关注于学生的积极品质的培养,这与教育的本质相同,同时改变传统以消极内容为导向的心理健康课程也能减少学生对于心理健康负面的看法，从而树立科学的心理健康观念。因此，在大学生心理健康课程中引入积极心理学的理论显得尤为重要。高校应当科学有效地利用积极心理学知识，帮助学生培养出积极乐观的心态，从而使学生成为全方面综合发展的人才。

第四节 加强大学生心理健康教育师资队伍建设

加强队伍建设是做好一切工作的保障。随着我国高校心理健康教育的发展，建设一支专业化的心理健康教育教师队伍，成为高校心理健康教育的一项重要任务。由于心理健康教育工作是一项专业性强、要求高的工作，并非一般的教师所能胜任。

一、大学生心理健康教育教师队伍存在的问题

近年来我国高校心理健康教育被提高到极其重要的位置，国家和政府提供了相应的政策法律保障，在财力和物力上给予了大力支持。但目前高校心理健康教育专职教师的职业现状不容乐观。

（一）教师数量不足

我国《基本建设标准》对大学生心理健康教育的教学体系、宣传活动体系、咨询服务体系和心理危机干预体系四大工作体系建设都提出了明确的要求。作为专职心理健康教育教师必然是这几项工作的主力军。近年来由于各级领导对心理健康教育的重视，各校根据心理健康教育工作发展的需要，增加了专职教师的数量。

实际上，无论是按照教育部规定的学生与专职心理素质教师3000：1的比，《基本建设标准》中"高校应按学生数的一定比例配备专职从事大学生心理健康教育的教师，每校配备专职教师的人数不得少于2名"的规定，还是按照北京市教工委专职教师与学生比例1：3000的规定，都与国外发达国家差距甚大。但是，就是按我国政府规定的配备专职素质教育教师的标准，许多高校也尚未达到。人员的匮乏是制约高校心理健康教育发展的重要因素。

（二）职责定位不明

角色定位是心理健康教育教师专业化发展的基点。当前，我国心理健康教育教师特别是专职心理教师的职业角色意识模糊的现象比较突出，主要表现为：将

专职心理教师与学生事物管理者角色相混淆、将心理教师与德育教师相混淆等，其原因不仅仅在于心理教师的专业化和职业化不足，更在于目前我国教育体制和教育理念上的深层次改革不够。

解读国家和政府发布的各项有关高校心理健康教育的文件和各位学者的研究的观点就会发现，那些文件与观点在表述和论述中都是将心理教育教师作为一个整体概念，而未能提及专职与兼职心理教育教师的角色认知、角色定位、角色职责是如何区分的，心理健康专职教师的专职又是如何界定的，究竟体现在哪些方面。由此导致的是在工作中，专职教师职业角色不清，专业定位不准，职业功能不强，职业发展不明。

由于工作理念不统一导致对专职教师的职业角色定位不清，工作内容的多元，工作任务的多种，因此无法做到工作内容的专职化、工作任务的专门化。虽然美国大学生心理健康教育的服务范围越来越显现出多样性和综合性的特点，具体包括职业和学业选择指导学习咨询，学生的社会问题和情绪问题咨询，对学校的课程设置等进行干预，对家长、教师提供咨询服务，对问题学生进行行为治疗和具体的学业指导，还包括开展服务机构自身的发展工作，如组织发展测量研究和专业研究等，但是其工作领域仅仅限于心理健康测量心理咨询服务和研究。

（三）边缘化管理

因为角色身份模糊和职责定位不统一，所以在对心理健康教育专职教师的人事管理体制上也呈现出归属不一、职业发展通道不畅的现象。仅就北京高校而言，心理健康教育专职教师的管理归属形式就存在3种：第一种是归属于人文社科类专业理论学科教学单位；第二种是大多数高校采取的，其心理健康教育专职教师的人事管理归属于学生事务管理部门；第三种是归属于体育、艺术等基本素质教学部门。由于心理健康教育工作归属单位的工作职责范围不同，考核标准不同，导致了对心理健康教育的专职教师的职责要求不统一，教师职业定位混乱。

（四）发展前途迷茫

心理健康教育的专职教师由于缺乏统一的学科管理归属、一致的人事管理体系，因此在其学历提升、职称评定、职务晋级等方面都存在诸多难题，一些学校缺乏对专职教师职业发展的政策保证，专职教师的职称发展序列不明，严重制约了专职队伍的稳定和心理健康教育工作的可持续发展。具体表现在：第一，有的学校将专职心理健康教育教师定编在行政岗，评聘专业技术职称成为个人发展无法逾越的障碍；第二，有的学校虽然把专职教师列入了心理健康教育教师序列，但没有根据心理健康教育工作实践性强的特点（承担教学、咨询、大量日常宣传教育活动和危机预防干预），制定与他们工作实际相符合的评聘标准，使得在实际评聘操作中出现不公平，专职教师仍然没有机会晋升职称，获得职业发展的认可。例如，有的学校对专职心理健康教育教师与一线思政课教学人员采用同一个评聘标准，有的指标向有领导职务的学生工作人员倾斜，导致专职心理健康教育教师缺少职称晋升机会。

由于缺乏有效的政策保障，专职人员对个人发展感到迷惘与失望，一些教师改行从事其他工作，致使队伍不稳定，使心理健康教育工作的专业化、职业化发展受到影响

（五）培训欠缺规范

各学校对专职心理健康教育教师培训重视的程度并不平衡，有的学校在时间、经费上支持力度不大。从培训的规划上来说，还缺少按不同教师的专业水平和层次进行科学的规划。2016年对全高校心理健康教育教师中专兼职教师进修与培训制度不够健全，培训力度不大，离《高等学校教师培训工作规程》期望的"规范化、制度化"目标相差较远。在培养内容上，也存在知识结构不够健全的问题。

由于专业培训欠缺，再加上专职教师数量不足，专职教师专业提高和学历提升的途径狭窄，平台很少，因此在开展教育、教学、咨询和科研能力方面参差不齐，导致心理健康教育工作的规范化和专业化水平不高。比如，教学质量不高，心理咨询水平不够高，管理欠规范，咨询的伦理界定不清晰，咨询效果缺乏有效的监督和考核等。

二、加强大学生心理健康教育师资队伍建设的对策

高等学校心理健康教育中教师是连接学生与学校之前的桥梁，是重要的媒介者，为此教师队伍显得尤为重要。

（一）强化师资的专业理论与心理咨询的技能

在心理健康教育调查中，学生对心理健康教育的老师的专业性有些许质疑。有的心理健康教师不是心理学专业出身，有的算是半路出家。再有就是心理健康教师在心理健教育中的授课方法方式。咨询中心的教师应体现其技能，能够让学生的问题得到解决，并且积极的去寻求解决问题的答案，这就要求心理健康教育的教师以及心理咨询中心的教师，提高自身的专业素养，培养自身的专业技能。学习当前心理健康教育的新方向，同时这两方面的教师都能够更好的学习积极心

理学，从积极心理学的理论到积极心理学的实践，这样使得自身在教学工作中不是只关注学生的消极层面，教学及治疗的手段也是积极的，这样能更好地体现学校的积极心理健康教育目标

（二）培养教师积极的工作心态

人民教师，教书育人是他们的工作理念，而他们的一言一行对学生都有着影响。因此教师对学生的影响很大，教师为了更好地教书传道授业解惑，首先也要培养自己的积极品质。作为一名人们教师，他首先也是一个普通人，跟我们学生一样，他也有困惑，也有遇到困难的时候。他们面对挫折的时候也会产生消极的情绪，而因为教师的重要性所以这就对高校和教师都提出了相应的要求。一方面，从高校的角度上，校领导应"以人为本"，在体谅教师辛苦的同时还要主动了解他们的心理需求，改善工作环境，在经济上对于需要特殊照顾的教师给予帮助和支持，学校还应将积极的因素引入教师的心理健康教育中，不光是学生要进行心理健康教育，教师同样也需要。在教师心理健康教育中，应充分挖掘教师的积极力量，培养其积极品质，增加教师中的积极体验。让教师也能够发现自身的优点，能够更好的工作，在教师工作中体会到事业带来的快乐和满足。这既使得教师能从自身感受到的积极因素，去教授学生同样去体验这种积极感觉，也使得教师教课更得心应手。

而从教师自身的角度来看，教师应该能够很好地自我调节情绪，不断地提升自我，可以多参加一些心理学的研讨会，多读书多学习，丰富自身的底蕴，在对待学生方面应该多与学生沟通，了解学生的情况，不光是了解学生自身的心理健康情况，同时也要对学生对课堂教学的反馈积极听取意见，使得心理健康课程更好的实施下去。

（三）融合教师与学生之间的关系

在传统的心理学背景下，心理健康教育中，学生和教师之间的关系是对立。教师就是传授知识，而学生就是接受知识的，教师就是负责解决治疗心理问题的。在积极心理学的理念下，教师和学生都是平等存在的，谁都可以是教师，谁都可以是学生，都是互相学习对方的优点，互相发掘对方的积极品质。教师要培养自身的积极品质，教授学生知识时，采用平等的措辞，让学生觉得和老师之间是平等的，更亲近，这样也能够更好的促进心理健康教育课程的教授，促进心理健康教育的实施，学生接受知识也更快，更好的理解教师教授的内容。教师以身作则促进学生发掘自身的美好品质，更积极的面对困难，面对生活。

第五节 创建积极的大学校园环境

校园文化作为一种隐性课程，无时无刻不在影响着学生的身心发展。大学校园应该是充满温馨关怀、充满活力与希望，能够提供每位学生在此学习与成长的地方；应该是一个重视学生的各种能力协调发展、尊重学生各项意见，安全的、性别平等的友善之地；是一个学生能够快乐学习、自我成长的健康环境。因此，构建良好的校园环境是大学生心理健康教育中不可缺少的一个环节。

心理健康教育工作最直接的联系就是在学校，学校与心理健康教育的有机融合是促进心理健康教育开展的最直接因素。心理健康教育工作却又不是只在学校体现，它在家庭、社会上都处处体现着，要想更好的进行心理健康教育，就应这三个环节都做出努力，形成一个整合性的积极环境。在学校中，心理健康教育不是孤立于其他学校工作而单独存在的，我们应将心理健康教育渗透到学校工作的各个环节，是一切要素都为我所用。在之前提到的学生层面、教师层面中所做出的相应努力都是为了更好和校园层面紧紧扣。这三个层面紧紧的结合才能更好地推进学校的心理健康教育。

一、积极大学校园环境的构成

大学生心理健康教育处于校园环境的大系统中，其不可避免地要受到这个大环境的影响，校园环境作为学校教育的支持性平台，能够起到弥补和补充其它教育途径的作用。大学生的大部分时间都在校园里，如果长时期受到良好校园环境的濡染和潜移默化，会使学生的整体心理素质得到大幅度的提高。

（一）积极的校园制度

积极心理学认为，积极的社会制度是建构积极人格的支持力量，也是个体积极体验的直接来源。学校教育中直接影响积极心理教育存在的领域主要是学校制度和校园文化。

学校制度主要是指班级和学校教育中领导体制、规章制度、领导风格、管理模式、教学组织形式等存在的心理教育影响。高校管理制度是为维护和保证高校正常的教育教学秩序和生活秩序，保障学生身心健康，促进学生德、智、体美全面发展，依据教育法、高等教育法以及其他有关法律而制订的一系列规章制度及行为准则。大学生正处于人格的形成与发展阶段，可塑性大，因此学校需要对他们人格发展进行积极地引导和控制，而一套完整的校园制度体系在这方面的作用是不可低估的。良好的制度体系可以营造良好的校园秩序，规范学生的行为，形成良好的校风。而一个学校的校风将直接影响人才的培养，它能对大学生起到潜移默化的影响，形成一种凝聚力、约束力，使大学生产生归属感、认同感、自豪感，得到鼓励支持，具有正确的目标、积极的态度和和谐的人际关系，为学生健康人格的发展起到主导作用和提供最佳条件。大学生在学校或班级的生活世界中不断与老师或同伴团体产生各种联系，"近朱者赤，近墨者黑"，这些因素对大学生的成长有着不可忽视的作用。

如今的高校受市场经济运行规律的影响，人才竞争不可避免，学校要树立竞争向上的思想，建立优胜劣汰的运行机制，制订相应的政策和规章制度，鼓励学生以积极的心态参与竞争，养成积极进取的心理品质。

（二）积极教育理念

在校园环境中还存在着丰富多彩的活动文化环境，主要表现为教学活动、科研活动、实践活动等，通过参加这些活动，大学生的自我认知、自我体验、自我控制能力和承受力、心理调节能力等都得到了不断发展和完善。积极心理学认为，在这些领域的教育中要提倡积极教育理念。积极教育是指以人外显和潜在的积极品质为出发点和归宿点而实施的教育，是一种对教育进行重新定位的新观念，体现了对消极传统教育的修正。积极教育认为教育并不仅仅是纠正学生的错误和不足，教育更主要的应是寻找并研究学生的各种积极品质（包括外显的和潜在的），并在实践中对这些积极品质进行扩大和培育。在这过程中，教育主要在于为学生寻找或创造一个环境，使学生的那些最好的品质能在这个环境中得到充分的表现和发挥。

积极教育并不是传统意义上的所谓发扬优点克服缺点，更不是一种充满希望的良好祝愿、一种整天拍手称好的喝彩，甚或是一种光说好话的自我欺骗，它是一种内涵更丰富的教育理念。积极教育的立足点放在了学生固有的积极能力和积极潜力上，以培养学生个体层面和集体层面的积极人格为最终目标。传统意义上的发扬优点克服缺点，只是教育实践中的一种具体方法，其最终目标还是以纠正学生存在的问题或缺点为核心。同样传统教育情境下的教育者眼里只有学生身上存在的问题，这使传统教育表现出了典型的非人性化特征，使学生的学习回复成了受外界压力而不得不产生的一种消极适应。传统教育把人看作了一种被动的只会对外界强化刺激做出反应的物，这种非人性化的传统教育已使人的主动发展倒退为被动的生物进化。事实上，每一个学生都是一个自我的决定者，他们都有为自己做出合适选择的愿望和能力。教育要改善所有的人，而不仅仅是只针对那些有问题的学生，所有正常健康的学生也需要指导，他们也需要使自己的生活变得更幸福。在新的社会背景下需要树立积极教育的理念，这既是对传统教育的一种修正，更是在深入理解传统教育之后对未来教育的一种重新定位。

在教学、科研、实践活动中，教师要采取积极的教育态度、教学手段，注重自身教育风格对大学生心理健康发展的影响。注重营造积极的课堂，即在课堂的教与学活动中，能够营造课堂积极的氛围，使学生在课堂学习中获得良好的、足够的、积极的情感体验。注重个性化教学，让学生获得学习上的收获和成功，使学生在完成任务的同时获得主体的情感愉悦。同时教师本身要拥有积极的心理和良好的情绪，注意自己的精神面貌和言行，以自己的实际行动来赢得学生的尊重和喜爱。只要所有的教师都能把积极心理教育作为一项自己的使命，处处留心，在教育的过程中提高自己的心理品质，发展自己的能力，挖掘自身内在的潜力，就能够提高自己的心理素质，反过来又能够使用一定的方法，注意调节学生学习的心理状态，使其常处于积极的状况，积极主动地学习和思考，这样师生之间就能做到有效地沟通与互动，形成良性循环。

二、创建文明的校园文化环境

校园环境对大学生的心理健康会产生重要的影响。优美的环境和丰富的文化活动使人心情舒畅、精神振奋、态度积极、生活充实。创建积极的校园文化环境可以为大学生健康成长提供积极的外部条件。我国高校的校园文化建设近年来已经被提到了重要的位置。

（一）建设良好的校园文化环境

校园文化环境是校园环境的"软件"，集中体现在校风、学风、班风等方面。一个学校的校风、学风是与这所学校的历史、传统、特色分不开的，它是一种无形的力量，为学生的健康成长提供了重要的精神环境和心理氛围。班风相对校风而言对学生的心理健康影响更直接、更具体。一般来讲，凡是处在积极向上、团结协作、宽松友好的班风中，就会使人感到心情舒畅，能获得力量感；相反，就会使人感到孤独、寂寞、离群、紧张、压抑，而影响学习与其他活动。因此，大学生应主动、自觉地为保持和发扬学校的优良学风和传统校风，以及和谐的班风尽自己的力量。

（二）建设优美的校园自然环境

校园的自然环境是校园环境的"硬件"，包括学生学习、生活和活动的场所，如教室、实验室、图书馆、寝室、食堂、绿化等。优美整洁的环境能给人一种奋发向上、充满生机的感受，从而愉悦身心，消除疲劳，减轻紧张和焦虑；相反，杂乱无章的环境容易使人产生不快、厌恶的感觉，而使情绪消极，精神不振，影响学习和生活的乐趣，降低效率。

（三）开展丰富多彩的校园文化活动

丰富多彩的校园文化活动为学生健康发展提供了机会和条件。校园文化活动包括各种学术活动、文艺活动、体育活动、节日庆祝活动等。课余时间参加业余活动，有利于大学生多种才能的发挥，丰富精神世界，促进身心全面发展，使生活更有乐趣，情操得到陶冶，能力得到锻炼，多种需要得到满足，心理紧张得到缓解。其结果是进一步提高大学生脑力、体力活动的效率，改善适应能力，促进心理健康和发展。因此，大学生应该主动地参加丰富的校园文化活动，扩大人际交往范围，获得更多的社会支持，使自己的精神世界发展更丰富、更健康，最大限度地减少心理应激和危机感。

（四）完善积极的校园环境

首先，积极的大学生心理健康教育，老师与学生之间的关系不再只是教育与被教育的关系，还可以看做是共同进步成长的个体。心理健康教育工作者要把培养学生的积极心理学的相关理论同样运用到自己身上，培养自己的积极思维，让自己成为一个积极的人，在大学生心理健康教育工作中拥有更多的积极体验，成为乐观而快乐的人，只有这样才可能真正的引导和影响大学生们。老师们要经常鼓励学生，要灌输给学生这样的态度："永远不要告诉你自己你不能做这个，不能做那个，永远不要消极的认定那是不能的。你要告诉自己你能。"[1] 教育者要相信学生会变的越来越好，运用各种方法让学生有更多的积极体验，学会以学生的角度看待问题，充分的去理解他们，激发学生的积极品质，尽自己所能为他们提供一个轻松愉快地环境，让学生在一种平等的氛围中成长。

其次，高校可以形成以校医院—心理健康教育与咨询中心—社区辅导站—学生咨询员学生信息员为主线的"五级联动"模式。这种模式可以起到较好的预防作用，最快速的知晓学生的动向并且解决学生存在的问题。在此基础上，高校可

---

[1] 刘津编译，《人性的优点全集》，中国发展出版社，2003.

以利用互联网技术，整合资源，构建大学生心理互助网络平台。大学生通过互助平台向老师咨询，也可以进行朋辈咨询，查阅心理健康方面的知识，达成互动机制，营造积极的大学生心理健康教育氛围。大学生通过互助平台参与到丰富的互助活动，达到大学生心理健康教育多元化目的。被咨询的学生也极大的丰富了自己的幸福感，增加了积极情绪体验。

三、通过校园环境对学生的心理状态进行调节和暗示

学生的心理状态和周遭的生活大环境有着密切的联系，因此学校和教师应该注意对教学环境的构建，促使学生在大环境中保持积极进取的态度。此外，学生较高的环境适应性也是其心理调节能力的重要体现，对此学校要对刚入校的学生给予特别的关注和引导，促进新生养成积极的学习和生活心态，为学生在学校的长期积极发展奠定基础。在高校生活中，集体主义文化是学生必须面对的问题，一些学生乐于在集体活动找到自身的价值和定位，从而保持积极的心理状态。部分学生则可能对集体活动保有抵触情绪，在活动中感到不自然，使自身的学习和生活更加焦虑。对此学校和教师应该谨慎制定集体活动计划，使不同的学生能够在活动中找准自身的定位，在校园活动中保持积极的心态。

为了提升大学环境对学生心理的暗示和影响力，学校和教师可以以下几方面进行参考。例如通过营造积极的校园文化对学生的心理进行影响，促使学生不断正视自身的状态，控制和培养自身的情绪。其还可以促进学生和校园、社会、家庭等多元环境保持密切的联系，使学生能够在不同的环境中实现对自身情绪的及时改变和调节，使学生的学习压力和焦虑得到及时的宣泄，提升学生积极的情感体验和自控能力。

综上所述，积极心理学作为心理学研究的新方向，它的工作目标体现了社会意义上的博爱和人性，是与人类发展的目标相一致的。我们深信，积极心理学理念指导下的大学生心理健康教育，将会极大提高大学生的心理健康水平，使他们过上更丰富、更有意义的生活。

参考文献

[1] 罗新兰.大学生心理健康教育[M].杭州：浙江大学出版社，2014：8.

[2] 郑雪.积极心理学[M].北京师范大学出版社，2014：3.

[3] 谭华玉，马利军.大学生心理健康教育基于积极心理学角度[M].北京：人民邮电出版社，2016.

[4] 姚本先.大学生心理健康教育[M].合肥：安徽大学出版社，2015.

[5] 胡盛华，杨铖.现代大学生心理健康教程[M].吉林：吉林大学出版社，2014.

[6] 黄希庭.大学生心理健康教育[M].上海：华东师范大学出版社，2004.

[7] 张厚璨.大学生心理学[M].北京：北京师范大学出版社，2002.

[8] 陶国富，王祥兴.大学生积极心理》[M].上海：华东理工大学出版社，2005.

[9] 张成山，江远.新编大学生心理健康教育（第二版）[M].北京：清华大学出版社，2010.

[10] 王世伟，马海珊，李阿特，林静.积极心理学视野下的高校心理健康教育模式建构[J].中国校外教育2019（12）：90-91.

[11] 贾宝莹.高校大学生网络心理健康教育与创新咨询方式研究[J].科教文汇，2019，（02）：157-159.

[12] 林崇德.积极而科学地开展心理健康教育[J].北京师范大学学报（社会科学版），2003（1）：31-37.

[13] 马喜亭.高校积极心理健康教育模式探索[J].北京教育德育,2011,（574）：13.

[14] 文娟.高校大学生心理健康现状及对策研究[J].智库时代，2020（05）：114-115.

[15] 顾娅娣. 积极心理学与高校心理健康教育 [J]. 科教文, 2007（9）: 17-18.

[16] 钱兵. 积极心理学对心理健康教育的意义与启示 [J]. 中国学校卫生, 2007: 9.

[17] 朱晓伟. 积极心理学对高校心理健康教育的启示 [J]. 长江大学学报, 2006: 10.

[18] 巴文娟. "体验式教学"在"大学生心理健康教育"课程中的应用及思考［J］. 科教导刊, 2016（33）

[19] 张金华, 叶磊. 体验式教学研究综述 [J]. 黑龙江高教研究, 2010, （6）: 143-145.

[20] 邱小艳, 宋宏福. 大学生心理健康教育课程体验式 教学的实验研究 [J]. 湖南师范大学教育科学学报, 2013, 12（1）: 95-98.

[21] 武小林. 加强我国大学生心理健康教育的对策研究 [D]. 长春: 东北师范大学教学院, 2008: 1-7.

[22] 彭梅. 积极心理学视野下大学生心理健康教育研究 [D]. 哈尔滨: 黑龙江大学, 2014: 31-38.

[23] 闫杰. 积极心理学视野下的高校心理健康教育分析 [J]. 南京航空航天大学学报（社会科学版）.2010（12）.